AF359440

TOUJOURS BEAU!..

TOUJOURS BELLE!..

LA BOITE

DE

PANDORE

Toujours beau!!!
Toujours belle!!!

PAR

Henri RAFIN

parfumeur chimiste

———•◦•———

CHEZ L'AUTEUR

5, AVENUE VICTORIA, 5

PARIS

LA BOITE

DE PANDORE

I

LES PARFUMS

APERÇU HISTORIQUE ET INDUSTRIEL

« La beauté et vénusté de la femme a été cause qu'elle a
« été recherchée, aimée et respectée de tout temps, » dit
avec infiniment de raison Jean Liébault, le savant et ingénieux auteur du livre de l'embellissement du corps humain.
Mais sans soins constants, cette beauté qui fait le charme et
la puissance de la femme, se fane et s'étiole comme une fleur
qui, après avoir attiré les caresses des premiers rayons du
soleil, livre ses corolles aux vents et perd avec elles sa parure,
son éclat et son parfum.

Aussi la cosmétique, dont le seul but est de combattre par l'hygiène toutes les causes de destruction qui attaquent la beauté et de l'aider à voiler ou à pallier par d'innocents artifices les défauts qui la déparent, naquit-elle dès l'origine des premiers âges. Azariel, dit la tradition biblique, apprit ses secrets aux filles des hommes, lorsque les anges, séduits par leur beauté, s'enivrèrent d'amours terrestres; Vénus, nous enseignent les poëtes mythologiques, dévoila ses secrets à la blonde Hélène; partout et chez tous les peuples la légende religieuse assigne à la cosmétique une origine céleste.

L'art du parfumeur, créé ainsi près du sanctuaire, n'est jamais resté étranger aux cérémonies du culte. Moïse fit construire l'autel des parfums. Les aromates qu'on brûlait à Corinthe devant Vénus Aphrodite entouraient le temple d'un nuage odorant qu'on apercevait de trois lieues. Le pape bénit, chaque année, une rose faite de l'or le plus pur, ornée de pierres hiératiques et parfumée de baume et d'encens, fleur mystique que Sa Sainteté envoie aux plus gracieuses souveraines de la chrétienté (1), et qui, bien avant d'être bénite à la chapelle Sixtine, avait figuré dans le symbolisme des anciens mystères.

Pline place l'origine de la parfumerie dans ces belles contrées de l'Orient où croissent l'aloès, le santal, le baumier, l'arbre qui porte l'encens, celui qui porte la myrrhe, et celui qui pleure les larmes de benjoin; où les lis dressent leurs tiges parmi les arbustes qui donnent le nard; où les parfums semblent naître plus abondants et plus suaves dans des calices fécondés par un soleil plus ardent; où le regard de l'homme, enivré par les mille senteurs que lui apporte chaque souffle de la brise, cherche Dieu à travers les profondeurs célestes qu'ouvrent devant lui des nuits tièdes et lumineuses comme celles de l'Eden.

L'Orient fut, en effet, le berceau des religions et de la

(1) Celle de 1862 fut envoyée à Sa gracieuse Majesté l'Impératrice des Français.

poésie, la terre des parfums. La cassolette qui brûlait dans les palais de Babylone, de Suze et de Ninive, fume encore dans les harems de Téhéran et des bords du Bosphore ; la vie de la sultane ou de l'odalisque aux yeux agrandis par le keuïl, s'y écoule sur des coussins imprégnés d'ambre, le bouquin du narguillé aux lèvres, endormie, comme la Sulamite, dans les voluptés du rêve et des parfums entre l'heure du bain et l'arrivée du bien-aimé.

Voisins des pays qui fournirent pendant des siècles au reste du monde des aromates dont on ignorait l'origine, les Egyptiens, pères de la civilisation, appliquèrent les parfums aux usages domestiques, à l'hygiène, à leurs plaisirs. L'art du parfumeur se formula chez eux et s'étendit à tout, à l'adoration des dieux comme à l'enivrement des fêtes et à l'embaumement des morts. Moïse apporta cet art aux juifs, et le Cantique des cantiques, les paroles des prophètes aux filles de Jérusalem, les livres de Judith et d'Esther nous disent assez quelle place tenait l'usage des parfums et de la cosmétique en Israël.

La Grèce emprunta, elle aussi, à l'Orient, l'art du parfumeur ; Aspasie recueillit la première les recettes du cosmétique apportées d'Asie par Hélène ; elles furent gravées sur des plaques de bronze dans les temples de Vénus et d'Esculape. Les onctions parfumées entretenaient, non-seulement la vigueur et la beauté des athlètes, la science médicale s'en empara, et sous le nom de diatraleptique, en fit une de ses principales branches, un de ses moyens de guérison les plus puissants et les plus usités.

Les parfumeurs d'Athènes jouirent d'une grande renommée. Leurs compositions furent partout recherchées. Leurs boutiques, toujours ouvertes, servaient de rendez-vous au monde élégant ; on y causait politique, on y faisait la mode, on y éditait la chronique du jour. C'était le cercle et le café de la fashion athénienne. Les Grecs aimaient les parfums comme ils aimaient les beaux-arts et les belles-lettres, avec ardeur, mais en donnant toujours à leur enthousiasme

le goût pour mesure. Leur cosmétique eut pour base l'hygiène, créée par Hippocrate et son école ; elle fut coquette,
gracieuse, pleine d'élégance, et ne tomba jamais dans ces
exagérations qui méritèrent de si sanglants reproches aux
matrones romaines.

Rome, maîtresse du monde et gorgée de ses richesses, ne
connut nulle mesure. Chez elle, l'usage devenait l'abus,
toute jouissance l'orgie. L'usage des parfums d'abord in-
terdits devint extravagant ; les essences les plus précieuses
coulaient à flots dans les salles de bains ou de festins ; on les
mêlait aux vins des repas, elles tombaient en pluies odorantes sur les foules qui se pressaient dans les amphi-
théâtres ; lits, tapis, étoffes, vêtements, tout en était imprégné ; les sicaires suivaient la piste des victimes qui leur
étaient désignées à l'odeur qu'elles exhalaient. Poppée, qui
inventa un masque devenu historique, pour rendre à son
teint fatigué sa fraîcheur et son éclat, épuisait chaque jour
pour ses bains le lait de soixante ânesses, et dépensait pour
ses parfums les revenus de cinq provinces. Pour honorer les
funérailles de l'impériale courtisane, que d'un coup de pied
il avait mise au rang des déesses, Néron brûla tout l'encens
produit en une année par l'Arabie.

La Grèce et l'Orient ne fournirent pas seuls à Rome ses
parfums ; beaucoup des compositions employées par les dames
romaines venaient des Gaules et de la Germanie. La plupart
des artistes parfumeurs qui tenaient boutique auprès du
temple d'Hercule, et sous les arcades des bains publics, appar-
tenaient à la nation gauloise.

Ces traditions ne se perdirent pas dans les Gaules. Grégoire
de Tours nous parle de l'art avec lequel Clotilde, Brunehaut,
Galsuinde, relevaient, par des baumes et des onguents, l'éclat
de leurs attraits. Mais la parfumerie eut à subir l'influence
des superstitions du moyen âge et de la politique italienne
de la renaissance. Nous la retrouvons dans le cabinet de
l'alchimiste et dans l'oratoire des Médicis. La fée Mélusine
et l'enchanteur Merlin avaient toutes sortes de compositions

merveilleuses pour conserver la beauté. La magie et l'alchimie donnaient avec une égale libéralité toutes sortes de philtres précieux pour rendre les amants fidèles, et des recettes infaillibles pour se procurer une éternelle jeunesse. On ne se rappelle pas encore sans frémir les gants de la reine de Navarre, et cette officine de René le Florentin, d'où sortirent tant de mixtions empoisonnées.

La cosmétique italienne était d'ailleurs très-savante; les nombreux ouvrages publiés à cette époque, qui traitent de cet art d'une manière remarquable, peuvent encore être consultés avec fruit. Henri III et ses mignons firent un tel abus de pommades, de pâtes, de masques et de gants parfumés, qu'il se fit contre les parfums une sorte de réaction. Ils ne rentrèrent en faveur à la cour que sous Louis XIII. Anne d'Autriche devait, disait-on, l'extrême délicatesse de sa peau et la blancheur de ses mains à l'emploi des crèmes au beurre de cacao, et des pâtes d'amandes qu'elle avait importées d'Espagne.

Louis XIV fut loin d'hériter du goût de sa mère pour les parfums; il les proscrivit de sa cour; nulle femme, fût-elle titrée et princesse du sang, n'eût osé porter sur elle la moindre odeur; le plus innocent flacon de sels destiné à combattre les spasmes inséparables des grandes et longues réunions, lui eût fait encourir la disgrâce du grand roi.

Mais, si les odeurs trop indiscrètes étaient proscrites, la cosmétique n'avait pas perdu pour cela tous ses droits; le fard était comme d'étiquette, les dames se mettaient du rouge pour paraître à la messe du roi, et il suffit de lire les mémoires de l'époque pour se convaincre que beaucoup de pommades, d'onguents, d'élixirs étaient employés dans les mystères de la toilette. Pour être inodores, ces compositions n'en paraissent pas moins énergiques.

Ninon de Lenclos, la charmante et douce épicurienne, aussi spirituelle que belle, n'avait pas, elle, proscrit les parfums de sa cour. Elle disait que « la beauté sans grâce est un hameçon sans appât; » et elle ne négligeait rien de ce qui

1.

pouvait ajouter un charme nouveau à son esprit ou à sa personne. Avait-elle, comme on l'affirmait, retrouvé les secrets que Diane de Poitiers tenait de Paracelse? Nous l'ignorons; mais sa beauté, presque séculaire, montra les progrès que l'art du parfumeur avait faits à cette époque : jeune encore à soixante ans, elle continuait cette brillante existence toute semée de fleurs, consacrée à l'amitié et au plaisir.

La régence commença cette orgie galante et légère qui devait se continuer sous Louis XV, effleurant tous les excès avec esprit, et essayant de tous les vices sans perdre jamais cette suprême élégance qui fut le ton et l'apanage de l'ancienne noblesse. Jamais on n'usa d'autant de parfums et on ne croqua autant de bonbons. La cosmétique de cette époque est d'une délicatesse raffinée; elle exagère parfois et prodigue trop certains parfums auxquels, comme à l'ambre et au musc, on prête des propriétés discutables; mais elle nous a légué des recettes qui resteront, et dont l'expérience n'a fait, depuis, que confirmer l'efficacité. La Dubarry avait acheté à Cagliostro une merveilleuse composition qui la conserva jeune et belle jusqu'aux limites de la vieillesse. Le cardinal de Richelieu vivait dans une atmosphère odorante que des ventilateurs habilement disposés lançaient dans ses appartements. La poudre à la Maréchale, pour les cheveux, les mouches et un grand nombre de fards furent alors, sinon inventés, du moins remis à la mode, et leur usage se continua jusqu'à la révolution, avec moins d'excès, il est vrai, sous Louis XVI. Marie-Antoinette réagissait alors, par son exemple, contre l'emploi des odeurs trop fortes; elle préférait les douces senteurs de la rose et de la violette, et ses goûts sont ceux de notre époque.

Il ne faudrait pas cependant croire que la parfumerie eût, avant la révolution, une grande importance comme industrie; il n'y avait pas de fabrique proprement dite de parfums; elle était presque toujours l'annexe d'une autre profession; ses produits n'allaient qu'à une classe privilégiée et peu nombreuse. La communauté considérable des maîtres gantiers-parfumeurs, dont les statuts dataient de 1190, sous Philippe-Auguste, avait vu ses priviléges renouvelés et confirmés par le roi Jean, en 1357, par Henri III, en 1582, par Louis XIV, en 1656; enfin, par un édit du 11 août 1776, elle fut unie aux boursiers et aux ceinturiers. On ne pouvait pas évaluer à plus de 15 à 1,800,000 le commerce entier de la France en parfumerie, l'exportation comprise. Aujourd'hui l'exportation demande annuellement à la France plus de quarante millions de parfums, et on peut évaluer à près d'un tiers de cette somme la consommation intérieure.

L'industrie de la parfumerie est donc une de celles que le mouvement du siècle a le pius profondément modifiées; plusieurs causes ont amené ce résultat. La révolution, en détruisant les barrières dans lesquelles les statuts de la communauté et tout l'échafaudage des priviléges plus ou moins déguisés parquaient les industries, a ouvert à la libre activité du fabricant un champ immense. L'aisance des classes moyennes, remplaçant le petit nombre des grandes fortunes qui existaient autrefois, et les habitudes de bien-être se généralisant dans les masses, répandent l'usage des parfums, et créent à ses produits un écoulement toujours rapide et certain. La science est venue presqu'en même temps l'éclairer de ses lumières et la doter de ses conquêtes. Tandis que la chimie, organique et minérale, mettait à son service l'arsenal inépuisable de ses merveilleuses ressources ; la physiologie , en lui dévoilant les fonctions de l'appareil dermique, en lui apprenant la manière d'être de la peau dans les différents états de santé et de maladie, de sécheresse et d'onctuosité, d'activité et d'inèrtie, l'influence que les accidents extérieurs exercent sur son pouvoir exhalant et absorbant, en lui faisant connaître la nature des excrétions que rejettent les pores, des altérations qui nuisent à son éclat, à sa fraîcheur, à sa beauté, lui fournissait les données rationnelles sur lesquelles le parfumeur doit établir une des bases de son art.

Stimulé par une intelligente concurrence, le progrès a marché rapide ; les grossiers procédés, le *modus faciendi* empirique anciennement employé, ont été abandonnés pour des méthodes plus scientifiques; l'outillage mécanique est venu porter à la fabrication sa précision et sa puissance. Chaque parfumeur n'a eu qu'une ambition : obtenir la clientèle des classes élevées, faire le nom et la réputation de sa maison, et dès lors le bon goût, la finesse, la délicatesse de ses produits, sont devenus la condition essentielle de ses succès.

A ces causes, il convient d'en joindre deux autres, capitales celles-là, et qui font de la parfumerie une industrie vraiment nationale : le génie et le bon goût parisien, le ciel de la Provence et la riche variété de notre climat.

Un rayon du soleil d'Orient dore notre Provence; le jasmin d'Arabie, la cassie de Farnèse, venue des Indes, la tubéreuse dont le parfum semble composé des senteurs délicieuses qu'on respire le soir dans un parterre émaillé de fleurs, la lavande, le myrte, toutes les plantes odorantes y croissent plus riches en aromes à côté de l'oranger. La violette parfume presque l'année entière les jardins de Nice ; les lis de la Limagne sont plus odorants que ceux de la Judée ; la suavité des géraniums de Montfort-l'Amaury fait délaisser ceux de la Turquie. Les roses ont en France un parfum aussi doux qu'au Bengale, et l'essence qu'elles donnent est préférée à celles si vantées de Smyrne ou de Ghazepore; l'héliotrope est cultivé par champs dans les environs de Paris; le narcisse étoile nos prairies; la verveine et la menthe faisaient partie des six plantes sacrées dont la druidesse composait son parfum mystique.

Vainement, l'Angleterre, l'Allemagne et tant d'autres nations tenteront de coûteux efforts pour lutter avec nous ; la culture la plus avancée, les précautions les plus minutieuses peupleront leurs jardins et leurs serres de fleurs agréables à l'œil et pouvant former de riants bouquets; elles pourront nuancer les couleurs, varier les formes : elles ne sauraient mettre le parfum dans leurs calices. Elles ne pourront dovenir nos rivales qu'en restant nos tributaires. Lorsque Cannes, Grasse et Nice ne leur envoient pas les sept ou huit parfums basiques avec lesquels une manipulation habile cherche à imiter tous les autres, elles n'emploient que des essences ligneuses, les résines, quelques baumes et souvent ces essences artificielles, comme la mirbane que la chimie moderne sait extraire de la houille, au lieu de l'odeur des fleurs, si suave et si pure. De là, cette dureté de parfum, cette senteur de drogue, qui caractérisent les parfumeries de cette provenance, comme en France les parfumeries du dernier ordre.

Le bon goût des enveloppes, la forme élégante des flacons, en cristal et en porcelaine, la variété et le luxe des étiquettes et des cartonnages; tous ces riens dans lesquels Paris seul sait mettre l'art et le goût convenables; ces mille petits ustensiles de toilette; ces boîtes et ces houppes à poudre, ces crayons, ces peignes, ces brosses, ces pinceaux, tous ces brimborions charmants qui font la partie la plus intime de ce que les anciens appelaient le monde d'une femme, forment l'accessoire obligé de la parfumerie et assurent encore la supériorité de l'industrie française. Paris fournit aujourd'hui des parfums au monde entier; des magasins immenses, des usines considérables, outillées des machines les plus ingénieuses, ont été installées.

Les anciens enfermaient les parfums dans des vases d'albâtre, de jaspe, d'onyx ou d'agathe, on les ornait d'émaux; nos musées conservent dans leurs vitrines un grand nombre de ces joyaux. La renaissance ne mit pas moins d'art dans ses boîtes à parfums qu'elle décorait d'émaux, d'incrustations, de ciselures, en leur donnant parfois des formes chimériques. L'Orient fait toujours de ses cassolettes de vrais bijoux, des objets d'art richement ouvrés; sans être de matière aussi précieuse, nos boîtes, nos flacons, nos enveloppes n'ont pas aujourd'hui un caractère moins artistique, et elles sont, à coup sûr, de formes mieux appropriées, aussi élégantes et plus commodes. Cette partie de notre industrie de-

mande beaucoup de goût, un génie inventif qui, pour ne
s'exercer que sur de petites choses, ne doit pas être moins
réel, ni moins fécond. On ne se rend que bien difficilement
compte de tous les essais, les tâtonnements faits pour arriver
à obtenir une fermeture de flacon, solide, commode, hermé-
tique, qui ne permette au parfum que de couler goutte à
goutte, mais sans perte; ou pour fabriquer une boîte qui ne
laisse pas échapper en nuages, quand on l'ouvre, la poudre
légère, impalpable qu'elle contient; pour donner à l'enveloppe
d'un cosmétique la forme et la consistance la plus convenable pour rendre son emploi facile, sa conservation assurée.
J'aurai à signaler dans le catalogue de mes produits quelques dispositions heureuses que j'ai dû donner aux enveloppes, ou aux boîtes, des changements apportés dans la
forme et la consistance des cosmétiques qui en rendent l'emploi plus commode et plus agréable.

La réputation de nos grandes maisons est connue en
Amérique, en Perse, en Turquie, en Chine, au Japon, et,
grâce au principe de la liberté commerciale qui pénètre
aujourd'hui dans la législation de tous les peuples, ce mouvement, loin de se ralentir, prendra longtemps encore une
extension plus grande.

Une industrie qui prend un élan si grand et si rapide doit
fatalement attirer l'attention sur elle; aussi a-t-on beaucoup
écrit dans ces derniers temps sur la parfumerie, et disons-
le de suite, on n'a pas toujours été juste à son égard. Que
des moralistes moroses prêchent contre ce goût des parfums
et des cosmétiques qui ne fut à nulle époque plus répandu
qu'aujourd'hui, nous le comprenons. Ils appartiennent à une
classe que le moindre épanouissement offusque, qui vou-
draient la richesse égoïste et avare, sans le luxe qui n'en est,
en somme, que la jouissance; qui veulent l'ouvrier crasseux
et toujours attaché à la glèbe, la femme ilote et sordide,
l'enfant pouilleux, et ne comprennent pas pourquoi Dieu fit
la fleur pour parer la beauté, les parfums pour éveiller le sou-
venir et donner le rêve, pourquoi Dieu mit l'amour au cœur

de l'homme et la poésie dans l'âme. Mais que des gens d'esprit et de talent se plaisent à compiler les traits aujourd'hui si vieux et si usés de tous les anciens satiriques contre la cosmétique; qu'on étale à plaisir tous les mystères, vrais ou faux, de la toilette d'une dame romaine, pour avoir le facile triomphe de fustiger les exagérations du maquillage de quelques célébrités équivoques; puis qu'on parte de là pour accuser et condamner en masse tous les produits de la parfumerie moderne, en s'appuyant sur les formules trouvées dans quelques manuels édités il y a près d'un demi-siècle, et aussi délaissés, sinon ignorés des fabricants actuels, que les recettes données par Pline, Ovide, Albert le Grand ou Marinelli, c'est être injuste, c'est calomnier une industrie qu'on ne connaît pas.

D'autres aussi, mais plus consciencieux, ont écrit sur la parfumerie et jugé sévèrement ses produits; mais ils ont voulu éclairer leur jugement; ils ont visité les fabriques, étudié leurs procédés, la composition de leurs parfums, et modifiant les idées préconçues, abandonnant devant les faits de vieux préjugés, ils ont rendu une éclatante justice aux progrès modernes, et expliqué leurs premières attaques. M. O. Reveil, que la mort a enlevé trop jeune à la science et au professorat, fut un de ceux-là; un de ses derniers travaux a été la publication en français de l'ouvrage de M. S. Piesse, et les notes, les commentaires dont il l'a enrichie, son chapitre surtout sur l'hygiène des parfums et des cosmétiques, donnent l'idée la plus vraie et la plus juste de ce qu'est et de ce que doit être la parfumerie à notre époque. Le savant professeur se pose d'abord cette question importante : Les cosmétiques sont-ils nécessaires? sont-ils nuisibles? Pour résoudre ce problème, il entre dans le détail de la composition des cosmétiques, de l'action hygiénique ou fatale des éléments qui les composent sur l'organisme, et proclamant l'effet salutaire, ou simplement agréable des uns, et l'effet mauvais des autres, il les divise en deux groupes: il place dans le premier, auquel il donne le nom d'innocents, les cosmétiques qui ne renferment aucune substance toxique et dont l'usage journalier et exagéré est sans aucun inconvénient ; et dans un second groupe, les cosmétiques qui ont pour base des matières toxiques et dont l'usage, même restreint, peut être cause de lésions ou de maladies graves.

Cette division est parfaitement juste ; tous les parfumeurs consciencieux y ont applaudi, et l'avaient faite dans leur pratique ; tous avaient condamné, avec les Chevallier, les Rouyer, les sommités scientifiques et médicales qui ont traité la question, des cosmétiques toxiques qu'ils regardent comme un danger ; et ils pensent, avec M. Tardieu, que le pharmacien doit seul apprêter, et sur ordonnance, la composition où il entre des poisons ou des substances thérapeutiques trop actives. Plus que les médecins, les fabricants déplorent que l'emploi de certaines préparations soit tellement dans les habitudes, qu'il serait impossible d'en défendre la vente sans porter une grave atteinte à la liberté commerciale ; ils déplorent surtout qu'il suffise de trouver une dénomination ingénieuse ou bizarre, pour attirer l'attention publique sur un produit malsain et pour créer une spécialité fructueuse qui fera vendre un louis le grossier mélange de produits élémentaires qu'on aurait pour quelques sous chez le premier chimiste venu.

La fabrication de tout cosmétique nuisible est donc soigneusement rejetée par toute maison ayant nom et qui respecte sa réputation acquise ; leur exploitation est abandonnée à une classe d'industriels à part, qui trouve dans le gain énorme que donne ce commerce la triste audace de braver les sévérités légales et de compromettre la santé publique.

On a en outre distingué avec raison, dans la fabrication des cosmétiques que l'on désigne sous le nom d'innocents, trois sortes de parfumeries : 1° la parfumerie fine ; 2° la parfumerie ordinaire ; 3° la parfumerie inférieure. Cette dernière, presque toujours anonyme, vit trop souvent de contrefaçons. Ses produits grossiers, quoique ne constituant pas un danger pour la santé publique, sont déshonorés par des altérations frauduleuses : l'alcool de fécule, infect et impur, le vinaigre de bois, mêlé de produits empyreumatiques, y sont substitués à l'alcool ou à l'acide acétique des vins; les huiles et les graisses fines y sont remplacées par les corps gras les plus communs; des essences grossières ou artificielles y remplissent le rôle de l'odeur naturelle des fleurs, des résines de l'Inde, des baumes d'Arabie. N'était la contrefaçon, cette fabrication ne serait cependant pas coupable; au bon goût seul appartiendrait d'en faire justice.

La parfumerie ordinaire soigne peu ses manipulations, ne s'attache pas beaucoup au choix des matières premières, qu'elle achète presque toujours fabriquées et qu'elle ne fait que parfumer et qu'accommoder. Elle emploie les essences artificiellement composées avec des parfums basiques; ses produits sont bons, mais manquent de délicatesse.

La parfumerie fine a profité de tous les progrès des sciences, des arts et de l'industrie. Les odeurs naturelles des fleurs sont celles qu'elle préfère, et elle emploie pour s'emparer de ces aromes si fugaces les procédés les plus ingénieux. Ses manipulations sont longues, délicates; tous les esprits, les vinaigres qui lui servent de matière première, sont essayés et rectifiés. Les huiles, les graisses sont épurées, décolorées avec le plus grand soin avant d'être employées ; elle fait un grand usage de matières grasses végétales, naturellement un peu aromatiques, comme le beurre de cacao, et prend toutes ses précautions pour que le temps, l'air, les changements de température n'altèrent pas ses produits. Elle sait varier à l'infini ses cosmétiques et ses parfums et leur donner une efficacité réelle, sans introduire jamais dans leur composition un atome de substance qui puisse inspirer des craintes à l'hygiéniste le plus scrupuleux, le plus sévère.

La parfumerie fine n'a qu'un tort, excusable toutefois, l'élévation souvent exagérée de ses prix.

L'excellence, la perfection du produit est sans doute le but principal que doit chercher à atteindre tout industriel, surtout lorsqu'il s'agit de satisfaire à des besoins de luxe, aux goûts raffinés des classes riches; mais cette perfection du produit n'est qu'un côté du progrès, le bon marché est l'autre; et ce dernier a une importance extrême lorsque l'industrie doit fournir à tous les moyens d'entretenir la propreté du corps, cette première condition de l'hygiène, et de donner à sa personne ces soins, cette culture qui sont le signe de la dignité de l'âme, de la distinction du caractère.

Ces faits m'avaient profondément frappé, et, en fondant l'établissement que je dirige, j'avais la résolution bien réfléchie, bien arrêtée de ne suivre aucun des errements qui forcent les fabricants de vendre leurs parfums à des prix exagérés, tout en ne retirant du produit de leur vente qu'un bénéfice net raisonnable. Le luxe des magasins coûte fort cher, l'espace se paye aujourd'hui à prix d'or; vouloir y multiplier les comptoirs en bois exotiques, chefs-d'œuvre d'ébénisterie, ornés de bronzes et de sculptures fouillés par des artistes en renom ; les peupler d'une armée d'employés et de demoiselles aux sémillantes toilettes, c'est très-beau, très-séduisant, mais cela augmente en des proportions indéfinies les frais généraux et le prix de revient de chaque produit livré à l'acheteur. Le dépositaire vient ensuite; il n'a, lui, qu'à placer dans sa vitrine les parfums qu'on lui livre et attendre que la vente lui donne un bénéfice au moins égal, sinon supérieur, à celui du fabricant, sans qu'il ait eu la moindre peine pour produire, ni exposé le moindre capital. Les risques que font courir les ventes à long terme augmentent encore tous ces frais qui s'ajoutent au prix de revient, et que doit nécessairement solder l'acheteur. Obligé de subir de telles conditions, le fabricant voit son bénéfice se réduire des trois quarts.

Le moyen de vendre bon marché sans sacrifier à ce but aucune des qualités essentielles des parfums était donc bien simple : supprimer l'intermédiaire et faire bénéficier le client direct de la remise qu'il prélève; ne pas s'imposer un luxe exagéré de magasins et de bâtiments inutiles; créer et s'attacher d'habiles manipulateurs et établir, par une division rationnelle du travail et par l'emploi intelligent de la machine, l'économie dans la fabrication. J'agis ainsi, et le bon marché se fit naturellement, et j'ai pu me convaincre par l'expérience que le monde le plus riche appréciait cette manière de faire aussi bien que les classes aisées, pour lesquelles toute occasion de dépense devient sagement une occasion de calcul.

J'avais résolu aussi de rendre impossible toute critique de mes produits au point de vue de l'hygiène ; et, pour cela, il ne me paraissait pas suffisant de rejeter de ma fabrication toute substance dangereuse ou simplement suspecte. La juste méfiance qu'on a pour le remède secret s'étend aux cosmétiques, et la plupart des reproches qu'on a prodigués à la parfumerie n'ont aujourd'hui d'autre justification que l'habitude traditionnelle de baptiser ses produits d'un nom de fantaisie, qui fasse croire à une origine plus ou moins exotique ou bizarre. Se défaire brusquement de ce travers imposé par la pratique commerciale était difficile, mais on pouvait du moins faire connaître la composition réelle de chaque parfum et mettre ainsi le médecin et le client à même de juger ses propriétés en pleine connaissance des choses. C'est cette résolution qui m'inspire aujourd'hui la publication de cet opuscule; le catalogue de mes parfums y sera accompagné des détails nécessaires sur leur composition et leur fabrication pour que chacun puisse les apprécier comme s'il les avait soumis aux investigations de l'analyse chimique.

Un tel exemple devrait, il me semble, être suivi par ceux de mes confrères qui ont à cœur de détruire les derniers préjugés qui pèsent encore sur notre industrie, et qui veulent enlever à la critique le thème trop facile de ses plus injustes attaques. Plusieurs, je le sais, seraient prêts à entrer dans la voie que je trace, mais ils craignent de livrer à la concurrence des produits qui appartiennent en propre à leur maison et dont la réputation fait une partie de leur fortune. Qu'ils me permettent de le leur dire ; ils se trompent. Tout ce mystère dont ils veulent entourer leur laboratoire est impossible à notre époque curieuse et sceptique. Dans le temps d'ignorance, tout secret pouvait être une fortune ; celui qui savait vivait aux dépens de ceux qui ne savaient pas, et si une indiscrétion, une circonstance fortuite quelconque ne venait pas révéler son procédé ou sa formule, on l'attribuait volontiers au sortilége et on demandait au besoin à des pactes et à des pratiques magiques l'explication de son succès. Aujourd'hui un composé cosmétique ne peut pas avoir de secret pour la science ; un peu de savoir, quelques réactifs, à leur défaut, un napoléon donné au premier chimiste venu, apprendront à celui qui aura intérêt à le connaître, que toutes ces lotions, vendues sous vingt noms différents, qui rendent son éclat immaculé au teint le plus terni par le hâle, ne doivent leur efficacité qu'au sublimé corrosif qu'ils renferment à dose homœopathique, et qu'on fait payer un sulfhydrate d'ammoniaque et une solution de nitrate d'argent dans l'eau distillée, mille fois leur valeur réelle, parce que sans doute ils sont livrés en deux flacons, sous le nom d'Eau des îles Marquises, ou de la reine de Sandwich. Une atmosphère de mystère n'est jamais favorable au développement de la prospérité publique, elle ne l'est pas longtemps au développement d'une fortune privée. La possession exclusive de telle ou telle formule, de tel ou tel procédé, sert plutôt à endormir dans la routine qu'à assurer un succès durable ; l'industriel réellement habile ne met sa confiance que dans l'esprit de progrès, dans une activité incessante, dans une énergie toujours en travail ; il ouvre volontiers ses ateliers à qui veut les visiter, et il se tient toujours prêt à faire son profit de la découverte nouvelle.

La spécialité et le secret sont deux choses bien différentes, et nous ne voudrions pas qu'on appliquât à l'un ce que nous disons de l'autre. La spécialité acquiert par la pratique une habileté incontestable ; un produit similaire a beau être mis à côté du sien, il a beau être identiquement composé et préparé suivant les mêmes règles, il existe entre les deux une différence notable, et qui tient au faire, au tour de main, à quelque chose d'inexplicable, mais qui donne à celui qui sort des mains du spécialiste une supériorité incontestable. Aussi, sans garder le secret d'aucune de mes compositions, me suis-je efforcé d'en faire des spécialités par la division de travail, et c'est sans doute en partie ce qui a valu leur vogue à certains de mes produits, les poudres dentifrices, par exemple, dont un grand nombre de pharmaciens viennent aujourd'hui s'approvisionner chez moi.

Le succès rapide, presque inespéré de ma maison, a prouvé la justesse de mes vues. Débutant inconnu et résolu de marcher avec mes ressources propres et assez restreintes, je craignais, je l'avoue, d'avoir une longue lutte à soutenir contre cette inattention du public, mortelle pour l'industriel ou le commerçant qu'elle laisse languir dans le marasme. Je reconnus bientôt que le moyen infaillible de forcer cette attention publique et de conquérir le client, c'est de lui offrir d'excellents produits. L'esprit de la Parisienne a la perspicacité merveilleuse de l'instinct de l'abeille; en quelque coin que se cache la fleur dont le calice recèle le miel, l'arome qu'elle aime, elle la découvre. J'ai vu venir chaque jour plus nombreuses des élégantes du grand monde, et l'équipage blasonné s'arrêter à ma porte, où se presse l'essaim pimpant des travailleuses, lorsque le dimanche ramène pour elles la journée du repos, de francs rires et du soleil. Merci, à vous, fées gracieuses, qui m'apportez tous les jours l'espoir et le courage; vraies inspiratrices de notre art, c'est vous qui nous donnez à la fois le goût, la fantaisie et la fortune.

II

CHIMIE DES PARFUMS

—

MATIÈRES PREMIÈRES. — NOTIONS GÉNÉRALES SUR LA FABRICATION.

Les matières premières employées par la parfumerie peuvent être divisées en trois classes bien distinctes : les véhicules, tels que les graisses, les huiles, les esprits; certains principes actifs ou des substances plastiques qu'on joint aux cosmétiques pour leur donner des propriétés spéciales; les odeurs ou parfums proprement dits. On peut aussi mentionner une quatrième classe de matières, les couleurs, mais moins importante, et dont on fait très-bien de se passer le plus possible.

Les matières grasses sont d'origine animale ou végétale. Ce sont dans le premier cas des axonges, des moelles, qui doivent, avant d'être employées, subir de minutieuses épurations au sujet desquelles nous aurons, dans la suite, occasion d'entrer dans quelques détails. Le beurre de cacao, excellent produit très-employé, le beurre de dicka, sont d'origine purement végétale; le sperma ceti vient de la baleine; la paraffine, dont l'introduction en parfumerie réalise un progrès notable, est un produit chimique ; il constitue, avec la glycérine, une sorte de classe intermédiaire dans laquelle on pourrait faire aussi rentrer la cire. Les huiles d'olive, de coco, de ricin, de palmes, d'amandes douces, celle de noisettes, sont les plus employées ; l'huile de ben est la meilleure à cause de son parfum naturel et de la faculté qu'elle a de vieillir sans rancir ; elle est la plus rare.

Les esprits doivent être choisis très-purs, et débarrassés par la rectification de tous les produits empyreumatiques. On doit rejeter ceux qui ont une odeur ou un goût quelconque ; ils dénatureraient l'odeur des parfums. Les alcools de vin sont généralement les meilleurs ; les alcools de seigle bien rectifiés doivent cependant être seuls employés pour certains parfums : à Cologne, les maisons les plus renommées pour leur eau n'en emploient pas d'autres.

Les substances qu'on emploie comme principes actifs ou plastiques sont très-nombreuses ; ce que nous avons dit des substances nuisibles ou même toxiques s'applique à elles. On ne saurait être trop prudent dans leur choix et leur emploi.

En traitant de chaque cosmétique, nous serons naturellement amené à parler des propriétés ou des vertus particulières à chacune de ces différentes substances et des manipulations principales qu'elles doivent subir. Nous ne voulons, dans ce chapitre, que dire quelques mots sur les parfums proprement dits, leur origine, leur extraction, leur chimie.

Le nombre des parfums employés par notre art est immense ; à peine pourrons-nous désigner les plus en usage. Les trois règnes de la nature fournissent des odeurs ; mais le règne végétal l'emporte sur les deux autres par le nombre, la variété et la suavité. Les fleurs les plus suaves, les résines, les baumes, les aromates, généralement toutes les substances aromatiques viennent des climats méridionaux. Cependant, on recueille dans les climats tempérés quelques parfums à odeur douce et suave.

Le musc, la civette, le castoréum, l'ambre, sont d'origine animale.

Le ᴍᴜsᴄ est une des substances odoriférantes les plus fortes et les plus persistantes; son odeur s'attache à toutes les matières qui se trouvent dans le voisinage. En médecine, quand on le donne en potions, cette odeur transpire à travers les pores, et se communique à la peau et à l'haleine. On l'emploie rarement seul. Son odeur pénétrante et très-fugace peut affecter les nerfs. Les personnes qui l'aiment doivent, à cause de leurs voisins, mettre dans son usage une modération que leur imposent à la fois la prudence, la politesse et le goût. Lorsque le chasseur mongol ou thibétain a abattu le chevrotin qui le porte, son premier soin est d'enlever la poche placée près du nombril, et où est sécrétée la précieuse matière ; mais l'odeur du musc est alors si violente, que les chasseurs sont saisis de saignements de nez s'ils négligent certaines précautions.

L'odeur du musc est modifiée par un grand nombre de substances inodores ou odorantes, et détruite par d'autres, par les amandes amères, par exemple. La chimie est déjà parvenue à composer une sorte de musc artificiel dont se servent les parfumeurs allemands. Rarement le musc nous arrive pur; souvent il a subi dans la poche les plus grossières altérations. Son prix si élevé est un violent appât pour la fraude et la sophistication.

. L'odeur musquée ou ambroisiaque est d'ailleurs très-répandue dans la nature; beaucoup d'animaux, d'oiseaux, de reptiles, d'insectes, en sont imprégnés; certains hommes ont la transpiration musquée : c'était un des caractères divins dans l'antiquité.

La ᴄɪᴠᴇᴛᴛᴇ et le ᴄᴀsᴛᴏʀᴇᴜᴍ sont aussi des substances animales sécrétées par des organes particuliers de la civette, de la genette et du castor; ce sont des odeurs très-fortes, presque infectes, si on les employait seules, mais qui, habilement mêlées à d'autres, leur font acquérir une grande supériorité.

Les anciens attribuaient à l'ᴀᴍʙʀᴇ la valeur du diamant et des pierres précieuses; le commerce ne le met pas aujourd'hui à un moindre prix. Ce sont ses **vertus aphrodisiaques,** plus ou moins réelles, qui lui ont valu ce haut prix. Son origine a été longtemps controversée; on a écrit à ce sujet des volumes. Aujourd'hui, on admet que c'est une excrétion d'une baleine, le cachalot macrocéphale; c'est une substance concrète, molle comme la cire, mais qui durcit à l'air; elle flotte sur la mer près des îles de Sumatra, des Moluques et de Madagascar; on la trouve aussi sur les côtes d'Amérique, de la Chine et du Japon. Il n'est pas rare d'en trouver des blocs pesant quelques kilogrammes; on a prétendu qu'on en a découvert des blocs énormes de cent cinquante livres; le placer le plus riche ne vaudrait pas une telle trouvaille.

L'ambre gris, comme le musc et les autres parfums d'origine animale, s'emploie rarement seul. C'est en le mêlant à d'autres substances qu'on développe leur odeur; leur qualité persistante les rend précieux pour soutenir les senteurs florales trop fugaces lorsqu'elles sont employées seules dans les parfums pour le mouchoir.

L'écorce entr'ouverte des arbres et des arbustes laisse couler avec la séve de précieuses résines : l'encens, la myrrhe, le benjoin, le storax, le martre, le labdanum; parfois des baumes salutaires : le liquidembar, les baumes de tolu, de la Mecque, le nard de Judée.

Le BENJOIN est la plus précieuse et la plus employée des résines; elle est solide, très-odorante. On en distingue deux différentes espèces; la meilleure est le benjoin amydaloïde, rappelant le nougat par son apparence, formé de larmes blanches, réunies en masse par un mastic jaunâtre. Le benjoin rappelle l'odeur de la vanille; celui qu'on tire de Siam est le meilleur qu'on connaisse. On en obtient par sublimation l'acide benzoïque. Le benjoin est extrait par incision du styrax benjoin.

Les baumes découlent aussi par incision d'arbres et d'arbustes qu'on appelle les baumiers; ils conservent une consistance demi-liquide; ils possèdent toutes les propriétés balsamiques et servent à une foule de préparations pharmaceutiques et de toilette.

2

Plusieurs bois tiennent une place distinguée dans la liste des parfums : le bois de rose, de santal, d'aloès, de cèdre, de sassafras, de colombac, etc.; ils s'emploient en poudre ou sont brûlés dans des cassolettes.

Certaines plantes contiennent leurs parfums dans la racine : ce sont le nard indien, qui entrait dans la composition de la plupart des parfums chez les Assyriens et les Juifs, que Rome aima avec passion; il est aujourd'hui délaissé, parce qu'on ne lui reconnaît pas les propriétés qu'on lui attribuait. La racine d'iris est très-employée en médecine et en parfumerie; elle contient une résinoïde à odeur de violette très-agréable. Le souchet odorant, le galanga, le roseau aromatique, fournissent des racines également employées. La racine d'une sorte de graminée des Indes, le kus-kus, n'est autre que le vétyver d'un usage si répandu en sachets, en extrait ou en teinture, et dont l'odeur semble tenir le milieu entre celle des aromates et celle des fleurs.

D'autres fois, ce sont les graines et les fruits ; l'oranger et le citronnier, l'ananas, fournissent la bergamotte et l'essence de citrons, l'essence d'ananas. Les graines d'ambrette, plante de la famille des malvacées, donnent une odeur d'ambre et de musc très-prononcée ; la vanille est le fruit et la graine d'une liane qui croît dans les Antilles, au Mexique, et qu'on a transplantée à Bourbon. La muscade, le macis, la fève de tonka, l'amande, le carvi, sont autant de graines ou de fruits dont la parfumerie fait un très-grand usage.

D'autres fois elle prend les feuilles et les tiges pour en extraire les essences qu'elles renferment ; parmi les plantes qu'elle utilise ainsi, nous citerons les menthes et les lavandes, trop connues pour que nous ayons à en donner le moindre détail. Quelques végétaux donnent plusieurs odeurs, suivant la partie de la plante ; l'oranger, par exemple, en donne trois : des feuilles et des petits fruits verts, on extrait le petit grain, des fleurs le néroli et de l'écorce des fruits le portugal.

Mais c'est aux fleurs surtout qu'elle demande ses parfums préférés.

Le Midi de la France est le véritable jardin du parfumeur. La Sicile nous donne le citron, l'Italie l'iris et la bergamotte; la lavande de Mitcham l'emporte en délicatesse sur celle dé Nimes; mais Grasse, Cannes et Nice fournissent au monde entier les odeurs extraites des fleurs.

Grasse et Cannes ont à peu près les mêmes cultures: l'oranger, la rose, la tubéreuse, la cassie, le jasmin, l'héliotrope, l'œillet. Nice a la spécialité de la violette. Paris l'emporte sur la Provence comme finesse, dans la fabrication du néroli et de l'essence de roses, mais sa production est relativement fort restreinte. La cassie et le jasmin couvrent les champs de la Provence.

Le parfum des fleurs est dû, dans la plupart des cas, à une huile volatile contenue dans de petits vaisseaux ou des cellules intérieures des organes reproducteurs. Le climat sous lequel croît la plante, l'heure de la journée ou de la nuit, la couleur, la culture, ont une influence directe sur l'abondance, l'intensité et la suavité du parfum. Généralement les fleurs exhalent leur odeur pendant le jour, mais il y a un petit nombre, il est vrai, de fleurs *tristes*, qui ne sont odorantes que pendant la nuit. Quelques-unes ne répandent leurs trésors qu'au soleil levant, d'autres attendent les caresses des rayons plus ardents du milieu du jour; un grand nombre semblent ouvrir toutes leurs effluves aux heures de crépuscule. Dans quelques-unes l'intermittence de l'odeur est liée au sommeil et à l'épanouissement de la fleur. Presque toutes perdent leur parfum après l'application du pollen, et le conservent beaucoup plus longtemps si elles ne sont pas fécondées. Les fleurs doubles étant stériles, leurs odeurs sont plus durables.

Les fleurs blanches sont celles qui comptent le plus d'espèces odorantes, puis les jaunes et les roses; peut-être est-ce parce que les fleurs de ces couleurs sont les plus nombreuses? Les orangées et les brunes sont moins utiles au parfumeur. On tient compte de toutes ces observations dans la culture et la cueillette des fleurs.

Les procédés employés pour extraire le parfum des substances qui le contiennent sont : 1° la pression ; 2° la distillation ; 3° la macération ; 4° l'absorption ; et, depuis peu de temps, le déplacement et l'isolement complet du parfum par le procédé Millon.

La pression ou l'expression ne s'emploie que pour des plantes très-riches en huile essentielle, comme le zeste de l'orange ou du citron, et de quelques fruits. Les parties de la plante contenant le principe odorant sont soumises à l'action d'une presse très-puissante, la presse hydraulique par exemple, et on recueille les huiles qui coulent des petits vaisseaux rompus par la pression.

La distillation ne peut être appliquée à toutes les fleurs, elle détruit certaines odeurs trop fugaces ; les essences de roses, de néroli, les essences de lavande, de menthe, sont des produits de la distillation ; le réséda, la violette, la cassie, ne sauraient la supporter. On emploie la macération et l'absorption par enfleurage.

Les graisses, les huiles ont une affinité particulière pour l'essence des fleurs ; elle l'en extrait et elles s'imprègnent au plus haut point de leur parfum. Pour utiliser cette propriété, on jette dans la graisse ou dans l'huile chauffée au bain-marie les fleurs de l'odeur desquelles on veut s'emparer, et lorsqu'elles sont épuisées on en met de nouvelles jusqu'à ce que la saturation des corps gras soit complète. Les pommades où entrent la rose, la cassie, la fleur d'oranger, sont surtout préparées par ce procédé.

L'enfleurage est très-ancien et très-facile à pratiquer lorsqu'il se réduit au procédé encore en usage en Orient. Deux vases creux sont enduits de graisse à l'intérieur ; on les remplit ensuite de fleurs et on en recouvre l'un par l'autre. On a soin de renouveler les fleurs quand elles sont épuisées ; en quelques jours les graisses sont saturées de l'odeur exhalée par les fleurs. En Provence on emploie des châssis ; ce sont des cadres carrés ayant au fond une plaque de verre recouverte d'une couche de graisse sur laquelle on met une assise de fleurs. Un second châssis est déposé sur celui qu'on vient de charger, il reçoit à son tour la graisse et les fleurs, il est surmonté d'un troisième, et ainsi de suite, et on attend que les fleurs aient parfumé les graisses, en ayant soin de remplacer les fleurs épuisées par des fleurs fraîches. Pour les huiles, on en imbibe des pièces de laine ou de coton, on les pose entre deux couches de fleurs qui doivent les parfumer, et on en retire ensuite par l'expression l'huile devenue odorante.

Ces graisses ainsi parfumées servent à la confection des pommades et des extraits pour mouchoirs. Mais, pour ces dernières compositions, il faut, par des lavages à l'alcool, s'emparer des odeurs dont elles s'étaient elles-mêmes imprégnées. Ce procédé, quoique usuel, et le seul employé, a quelque chose de grossier, il disparaîtra lorsque la méthode Millon sera modifiée, de manière à pouvoir recevoir une application industrielle.

M. Millon met les fleurs dans un percolateur et fait passer dessus un dissolvant, de l'éther ou du sulfure de carbone. Le liquide qui sort contient le parfum et des parties notables de cire, puis on distille à froid et on enlève ainsi le dissolvant. Le parfum et la cire restent isolés comme résidus. Jusqu'ici, cette méthode est restée à l'état de procédé de laboratoire; non-seulement elle est impraticable industriellement, à cause de la cherté des parfums ainsi obtenus, mais encore parce que l'odeur de sulfure ou d'éther qui s'y mêle rend impossible leur emploi en parfumerie.

L'alcool se charge, par macération, d'un grand nombre de principes odorants; c'est ainsi qu'on obtient, en parfumerie, la plupart des teintures ou esprits. Ce procédé est très-long et occasionne des pertes considérables d'alcool et de parfums. La méthode de déplacement lui est préférée depuis quelque temps; elle consiste à faire passer sous une certaine pression l'alcool à travers une couche de la substance de l'odeur de laquelle on veut s'emparer; en la traversant le liquide dissout le parfum, s'en imprègne et l'emporte avec lui. En

lessivant ainsi deux ou trois fois la substance, on l'a complétement épuisée, et si l'alcool passe successivement sur plusieurs
couches, il est aussi saturé de principes odorants que si la
macération avait duré des années entières.

A ce petit nombre d'opérations se réduisent les manipulations générales pour l'extraction des parfums. Leur isolement ne peut être complétement obtenu encore; si l'analyse
chimique les poursuit, elle ne trouve plus au fond du creuset
ou de l'éprouvette qu'un peu d'hydrogène, de carbone et
d'oxygène. A peine sait-elle que dans la plupart des essences
il existe deux principes aromatiques : l'un très-suave, l'autre
empyreumatique et nuisant à la délicatesse du premier ; elle
n'a pas trouvé le moyen industriel de dédoubler ces deux
principes, dont l'un est si nuisible à l'autre.

La chimie des parfums est encore à créer. Les plaisirs que
procure à l'homme l'odeur des fleurs, l'action si énergique
des odeurs sur ses sens et son imagination, le portent presque instinctivement à vouloir en extraire le principe odorant,
de manière à avoir le parfum lorsque la saison ne donne pas
la fleur. Aussi les alchimistes firent de la recherche de ce
secret une partie de leur œuvre, et c'est sur leurs expé-
riences, il faut le dire, qu'est fondé l'art de parfumeur ; c'est
un livre où la science moderne, la chimie surtout, ont encore
à écrire, sinon les premières pages, du moins les plus utiles
et les plus intéressantes. En nous exprimant ainsi, nous ne
parlons que des *parfums* proprement dits ; la composition des
cosmétiques repose sur des données scientifiques plus sûres
et plus étendues.

La formation artificielle de certaines essences et leur trans-
formation les unes dans les autres a déjà été effectuée. En
combinant la nombreuse famille des acides avec deux ou
trois éthers provenant des fruits, du vin, du grain et du
bois, on obtient une série assez longue d'essences artificielles ; on est aussi parvenu à retirer de la houille et de
l'urine des herbivores, la mirbane, dont l'odeur rappelle
celle de l'essence d'amande. Telles qu'on les trouve dans le

commerce, ces essences artificielles possèdent une odeur qui est bien loin d'être agréable, et elles exercent une action nuisible sur l'économie animale; il faut donc les rejeter, ou du moins ne les employer qu'avec une entière prudence.

Mais ce ne sont encore là que des essais faits à côté des parfums naturels; l'étude de ceux-ci reste à faire; il est cependant à souhaiter, au nom de notre industrie et de la science médicale, qu'un homme de génie vienne créer la chimie des parfums.

COSMÉTIQUES DE LA PEAU ET DU TEINT

SAVONS — CRÈMES — LAITS — EAUX ET VINAIGRES DE TOILETTE — FARDS.

La peau n'est pas une simple enveloppe répandue sur toute la périphérie du corps, destinée seulement à en dessiner le galbe harmonieux et à défendre l'organisme contre les attaques des agents extérieurs. Douée d'une sensibilité exquise, ouverte sur toute sa surface au plaisir ou à la douleur, en rapport intime avec tous les systèmes et tous les organes de l'économie, elle est comme une glace où viennent se refléter et se peindre les affections du corps et les sentiments de l'âme. Une couche de substance brillante et nacrée qui s'use et se renouvelle sans cesse, protége contre le contact immédiat de l'atmosphère et des corps extérieurs les papilles nerveuses et les innombrables réseaux artériels, vasculaires, veineux ou lymphatiques qui s'épanouissent sous l'épiderme et dont les sécrétions plus ou moins colorées forment le teint aussi variable, dans ses nuances, que les sensations qui font vibrer nos nerfs.

La peau est en outre chargée, en physiologie, d'éliminer certains principes et d'en absorber certains autres, et c'est

par l'intermédiaire des pores que s'opère cette double et délicate fonction. Sa surface doit être toujours nette et toujours
lisse. Tout obstacle apporté à sa perméabilité est un danger;
dès que les fonctions perspiratoires de la peau sont troublées
ou suspendues, l'économie s'en ressent.

« On est donc parfaitement en droit, dit O'Reveil, de faire
« intervenir la cosmétique, ne fût-ce que pour éviter ces
« dangers. »

« Les cosmétiques de la peau, continue le savant professeur,
« sont les plus nombreux, les plus souvent employés et les
« plus justifiés par l'hygiène. Si les préparations préconisées
« pour faire disparaître les rides, effacer les taches de rous-
« seur, rougir ou colorer la peau de différentes couleurs,
« sont le plus souvent le produit du charlatanisme, il n'en
« est pas moins vrai qu'il est utile d'entretenir la fraîcheur
« du teint, la finesse, la souplesse, l'élasticité de la peau, de
« fortifier les tissus, de préserver l'enveloppe cutanée des ger-
« çures, des ruptures, de prévenir et de dissiper le prurit,
« de détacher et d'arrêter les débris épidermiques, de dissi-
« per l'odeur de certaines sueurs locales, de maintenir en un
« mot toute la surface du corps en un état constant de pro-
« preté qui permette à la peau de remplir ses fonctions. »

Les cosmétiques qui doivent concourir à produire ces dif-
férents résultats sont très-nombreux ; ils comprennent les
SAVONS, les CRÈMES, les EAUX DE TOILETTE, les VINAIGRES, les
PÂTES, les GLYCÉROLÉS, les LAITS, les FARDS, les POUDRES.

Ces cosmétiques demandent beaucoup de savoir dans leur
composition; leur préparation est souvent longue et délicate.
Une des premières conditions, c'est qu'ils soient exempts de
toute substance vénéneuse ou non qui puisse attaquer la peau,
l'irriter par son contact avec elle, ou qui, par suite de son
absorption, soit capable de produire des effets funestes. Nous
avons éloigné des nôtres toute substance dont l'effet serait
simplement douteux. Dans nos fards blancs, rouges, noirs
ou de toute nuance, il n'entre aucun sel de plomb, de bismuth ou simplement crayeux, aucune matière colorante d'o-

rigime suspecte ; l'oxyde de zinc sublimé seul y est mêlé comme élément plastique aux substances les plus propres à adoucir et à tonifier la peau. Nous insistons sur cette innocuité parfaite de toutes les substances employées dans la composition de nos cosmétiques et de nos fards; elle a pour la santé de nos clients une importance extrême. Dans l'aperçu que nous allons donner de chaque groupe de cosmétiques, nous indiquerons du reste les matières actives qui les composent, sans entrer dans des détails qui changeraient ce simple opuscule en manuel de parfumeur.

SAVONS

Le savon est le cosmétique par excellence; lui seul rend la propreté possible, des lavages à l'eau pure ne suffiraient pas. La peau sécrète toujours des matières sébacées qui en s'accumulant dans les pores, les obstruent, empêchent les fonctions dermiques, détruisent son éclat et sa sensibilité, et déterminent une irritation désagréable, parfois morbide. Le savon dissout tous les produits de l'excrétion, en débarrasse les pores, et lorsque quelques ablutions l'ont enlevé à son tour, la peau a retrouvé sa sensibilité, son éclat et son énergie. Aussi M. Liebig a pu dire avec toute l'autorité que l'illustre professeur possède dans la science, que la quantité de savon consommée par une nation pourrait servir de mesure pour apprécier le degré de richesse et de civilisation auquel elle s'est élevée : « Le sentiment de la propreté se rattachant à « la civilisation, et son absence étant le signe de dégradation « et de misère. »

L'invention du savon appartient aux Gaulois; ils le composaient de suif et de cendres de hêtre. Charlemagne avait un savonnier parmi les serviteurs de sa maison. Depuis le moyen âge, Marseille avait le monopole de cette fabrication. Paris le lui dispute aujourd'hui, et il s'est emparé de la fabrication des savons de toilette presque entière. C'est la branche de notre industrie qui a peut-être le plus progressé; c'est à elle que nous attachons une attention et un soin particuliers.

Les savons de toilette comprennent trois grandes divisions: les savons en pains; les savons mous ou crèmes pour la barbe, parfois pour les mains; les savons en poudre. Les savons mous sont faits avec de la potasse, les savons solides avec les lessives sodiques; les poudres ont la même composition que les savons en pains.

La parfumerie ordinaire ou commune en France, tous les parfumeurs en Angleterre achètent le savon en barre sèche chez le fabricant, à Marseille presque toujours. Ce savon, fait pour le nettoyage du linge et les applications industrielles, n'a pas la finesse nécessaire pour les soins de la toilette. Souvent la saponification est incomplète, et un excès de matière alcaline rend le savon caustique; au lieu alors de déterger simplement les pores, il les désagrége et attaque la peau. Les matières premières qui le composent sont souvent impures; en place de graisses fraîches et d'huiles fines, on se sert de suifs de Russie ou de toute provenance lointaine, et de résines d'une odeur désagréable qu'aucun parfum ne peut masquer. La parfumerie fine prépare elle-même ses savons à grande chaudière : c'est le seul moyen d'être sûr de leur composition et de leur bonne fabrication.

La composition de tous nos savons est la même : les graisses fraîches achetées en branche dans les abattoirs de Paris, les huiles d'olive et l'huile de coco soumises, avant d'être mises en cuve, à un procédé spécial d'épuration et de décoloration, sont seules employées. On les fait d'abord passer à l'état sphéroïdal, ce qui rend leur saponification plus complète, plus rapide, et donne une économie de fabrication assez notable pour permettre d'abaisser les prix de vente.

Le savon ainsi préparé ne s'effrite pas, ni ne se raccornit, ni ne se ramollit, lorsqu'on le garde en magasin; il donne, quand on s'en sert, une mousse onctueuse et abondante, et sèche vite lorsqu'il n'est plus mouillé. Loin de laisser la peau rugueuse ou sèche, il la rend douce et souple, il est complétement inodore et très-blanc. Mais ce savon ne constitue encore qu'une matière première, la base de tous les savons de toilette; il doit subir de nombreuses manipulations, recevoir les substances et les aromes qui lui donneront des propriétés cosmétiques spéciales et en feront un délicieux parfum, la forme qui en rendra l'emploi commode.

. L'emploi des machines et de la main de l'ouvrier sont également nécessaires pour accomplir les différentes manipulations que doit subir le savon; l'expérience nous a démontré qu'elles ne pourraient se remplacer impunément l'une par l'autre pour la qualité du savon.

Les briques séchées au point voulu sont réduites en pâte très-divisée à l'aide de hachoirs mécaniques; et on y incorpore alors à froid les substances cosmétiques et les parfums que le savon doit recevoir. Les substances que nous employons le plus généralement sont la guimauve et le miel dont chacun connaît les propriétés adoucissantes; des lichens abondant en principes mucilagineux, les sucs de laitues, riches en lactuarium, qui possèdent toutes les propriétés de l'opium sans avoir aucun de ses inconvénients. Quant aux parfums, ils sont aussi variables que la fantaisie, mais tous sont purs et il n'entre jamais aucune essence étrangère artificielle; la mirbane, qui remplace presque partout l'essence d'amandes, est complétement exclue. La matière colorante est d'origine végétale, ou d'une innocuité reconnue; nous en employons peu, préférant laisser au savon sa blancheur naturelle.

Ainsi incorporés à froid, les parfums ne subissent aucune altération, le mélange des substances est intime; il reste à donner à la pâte l'homogénéité la plus parfaite. Des broyeuses et des mélangeuses formées par des cylindres en granit sont chargées de ce soin; laminés d'abord en feuilles aussi délicates que de la mousseline, ils sont ensuite ramenés en masse compacte où se trouvent, pour ainsi dire réunis molécule à molécule, le savon, le parfum et la matière colorante.

Le savon doit alors être divisé et prendre forme. Ici, se trouve une opération délicate que la main seule peut accomplir; l'ouvrier prend la quantité de pâte qui doit former un pain et la pétrit dans ses mains de manière à lui donner la forme cylindrique. Cela paraît facile, et cependant ce pelotonage n'a jamais pu être obtenu mécaniquement d'une manière satisfaisante; la main chaude et élastique adoucit la pâte en même temps qu'elle la presse; elle devient plus compacte, plus adhérente, il ne se forme pas d'écaillement au moulage.

Les savons sont alors exposés sur les liteaux d'un séchoir à l'action de l'air libre, et lorsqu'ils ont perdu leur humidité, on leur donne la forme convenable en les enfermant dans un moule en bronze formé de deux pièces, et en les soumettant à l'action d'un balancier. Tous portent mon nom et la désignation de leur qualité inscrits dans la pâte.

Leur richesse en parfum et leur finesse, les substances hygiéniques qu'ils renferment, les soins plus ou moins grands qu'ont exigés les différentes manipulations qu'ils ont dû subir, établissent entre eux une différence de prix de revient qu'augmentent encore les enveloppes dans lesquelles on les renferme; c'est d'après ces différences qu'on établit le prix de vente; mais comme base savonneuse tous ont les mêmes propriétés essentielles, sont faits avec la même pâte; le savon vendu 50 centimes et le savon vendu 2 francs viennent de la même cuite.

En fouettant la pâte de savon comme on fouette une crème, on y incorpore de l'eau saline et de l'air; le savon est léger et devient très-mousseux. En traitant la pâte par l'alcool, et le rendant anhydre, on obtient, si l'opération est bien faite, cette belle transparence que possèdent nos boules. C'est encore en battant le savon au moment de l'empotage, qu'on lui donne la forme nacrée, si séduisante dans les crèmes aux amandes amères pour la barbe. On se sert aujourd'hui peu de savon liquide ou essence de savon.

LA POUDRE DE SAVON, très-commode et très-employée pour la barbe, est préparée dans mon laboratoire avec un soin tout spécial. Après que le savon a été séché jusqu'à dessiccation complète, sans qu'il ait perdu les parfums incorporés dans la pâte, on le soumet à l'action d'un pilon qui le divise en atomes impalpables. Ces poudres si fines sont ordinairement mises dans une boîte. Aussitôt qu'on l'ouvre, elles s'envolent par nuages ; il y a perte encore quand on la ferme, et on court toujours le risque de vider la boîte en l'ouvrant un peu brusquement, ou de la renverser. Je pourvois mes boîtes d'un double couvercle : le premier couvercle ne peut s'enlever de la boîte, mais tourne sur le second. Chacune de ces deux parties du couvercle est pourvue d'une ouverture; lorsque l'évolution du couvercle extérieur a amené son ouverture en face de celle du second, on n'a qu'à renverser la boîte et la poudre trouve une issue ouverte; on prend la quantité convenable, on tourne le couvercle, et la boîte est fermée; la main seule peut l'ouvrir, aucun accident n'est à craindre. C'est bien simple, mais c'est ingénieux, et l'expérience fait vite apprécier combien c'est commode.

CRÈMES

Les crèmes sont des préparations de consistance crémeuse, comme leur nom l'indique. Elles sont onctueuses et délicates, il ne doit y entrer que des substances à la fois toniques et adoucissantes, les plus capables d'entretenir la santé, la souplesse et l'éclat de la peau ; des odeurs légères et très-pures doivent seules les parfumer. Ce sont d'excellentes préparations, quand elles sont fraîches, mais il faut bien se garder de les laisser rancir sur place. Pour éviter cet inconvénient, toutes les matières grasses que je fais entrer dans leur composition sont d'abord épurées et coulées sur benjoin. Ce parfum, outre qu'il est une des odeurs basiques les plus pures et les plus suaves, a la précieuse propriété de préserver de toute altération et d'empêcher de rancir les substances auxquelles il se mêle; il communique d'ailleurs aux cosmétiques les qualités légèrement excitantes et balsamiques qui le font rechercher en médecine.

Le·COLDCREAM, inventé par Galien, est resté comme le type des cosmétiques crémeux. Il est composé de cire blanche, de sperma ceti, d'huile d'amandes douces et d'eau de rose, qu'on remplace par l'eau de laurier-cerise pour faire une crème calmante. Le coldcream à l'eau de rose est adoucissant et tonique.

LE BEURRE DE CACAO constitue par lui-même un excellent cosmétique ; épuré, infusé sur benjoin, il a l'avantage de se conserver indéfiniment sans jamais s'altérer ni rancir. Je suis parvenu à en composer un coldcream solide, ayant la forme d'un pain conique, porté sur une base en bois tourné et poli qui permet de le prendre et de l'appliquer sur la peau, dont la chaleur suffit pour le liquéfier, sans le toucher avec ses doigts. Le tout est enfermé dans une boîte élégante, à laquelle la base en bois sert de couvercle. C'est le plus commode et le meilleur des cosmétiques dont on puisse se servir pour rendre à la peau qu'ont altérée la fatigue, les morsures de l'air, l'ardeur du soleil ou certaines affections, toute sa souplesse et sa santé première ; il guérit les gerçures, les efflorescences, les crevasses, fait disparaître les irritations et les éruptions rugueuses qui en sont la suite ordinaire ; il la calme, la tonifie et lui conserve un éclat juvénil en entretenant la régularité de ses fonctions.

CRÈME DE GUIMAUVE. En associant la teinture d'arnica, stimulant nerveux qui jouit des qualités toniques du quinquina et de la propriété de dissiper les épanchements sanguins ou lymphatiques qui peuvent s'être formés sous la peau, à la glycérine, j'ai composé une crème, cosmétique très-efficace auquel j'ai donné pour base la guimauve et le miel. Cette crème, dite crème de guimauve, s'emploie à l'eau et de la même manière que la pâte d'amandes; mais elle est plus efficace que cette dernière.

La CRÈME DE LIS tient de la nature des fards. L'huile essentielle contenue dans la bulbe du lis et le parfum de la fleur en font partie ; une petite quantité de fleur de zinc sublimé y entre comme élément plastique; le coldcream lui sert de base. On l'emploie comme les crèmes ordinaires, elle donne à la peau cette blancheur éclatante et veloutée de la fleur dont elle porte le nom et à laquelle elle emprunte quelques-uns de ses éléments constitutifs.

Les crèmes peuvent remplacer le savon pour les personnes délicates; il est mieux cependant de ne les employer que lorsque des lotions savonneuses ont débarrassé les pores de toutes les excrétions qui les obstruaient; leurs effets sont plus sûrs et plus salutaires. On en étend ordinairement une petite quantité sur un linge très-fin, qu'on promène ensuite sur la peau. Le soir, au coucher, c'est une excellente habitude; cette onction détend le derme, le calme, le tonifie, fait disparaître la fatigue de la journée, et les éléments balsamiques qu'aspirent les pores pendant le sommeil, réveillant leur énergie, rendent à la peau sa souplesse, sa transparence, au teint son éclat juvénil.

LAITS — ÉMULSIONS

Les LAITS sont formés par des sucs odorants ou les huiles essentielles des plantes et des graines, et certains parfums qui ont la propriété de s'émulsionner dans l'eau, et de lui donner un aspect laiteux, opalin et mucilagineux. Ce sont des cosmétiques destinés à lotionner le peau et à former des bains aromatiques; parfois on y ajoute des poudres blanches qui restent en suspension jusqu'à ce qu'on agite le flacon qui les contient; il faut alors se méfier et n'employer ces préparations qu'avec prudence.

Les GLYCÉROLÉS ou *glycérine aromatisée* sont destinés à prendre un rang aussi important en parfumerie qu'en thérapeutique. La glycérine, soluble dans l'eau, ne rancit pas; elle est douce, onctueuse, n'est ni siccative, ni vaporisable; son pouvoir dissolvant est très-général, plus grand que celui de l'eau et de l'alcool; elle offre tous les avantages des corps gras et

de l'alcool réunis, sans avoir aucun de leurs inconvénients :
c'est un fluide des plus précieux comme base cosmétique. En
l'associant au benjoin et au tanin, j'ai composé un GLYCÉROLÉ
LACTESCENT, le plus salutaire et le plus agréable à employer en
lotion, le plus efficace et le plus hygiénique pour des soins
intimes. C'est un parfum exquis; quelques gouttes dans l'eau
des ablutions suffisent pour la rendre laiteuse et lui commu-
niquer les propriétés tonifiantes, détersives et adoucissantes
qu'elle doit posséder pour conserver aux muqueuses leur
fraîcheur, leur sensibilité et leur énergie ; son usage est surtout précieux pour guérir et faire disparaître toute trace de
ces rougeurs, de ces excoriations, désagréables et doulou-
reuses, que la chaleur et la marche occasionnent dans certaines parties du corps.

EAUX SPIRITUEUSES DE TOILETTE — VINAIGRES

Les EAUX DE TOILETTE sont composées d'alcools ou teintures alcooliques, renfermant les principes fixes ou volatils
d'une ou de plusieurs substances. Ce sont des cosmétiques
excellents et sans aucun danger; ils lavent parfaitement,
donnent de la fermeté à la peau, enlèvent la sécrétion sébacée
et les produits de la transpiration; ils ne présentent des inconvénients dans aucun cas.

Les VINAIGRES cosmétiques sont préparés, comme les teintures alcooliques, par macération; seulement, au lieu d'alcool,
c'est l'acide acétique ou le vinaigre de vin qui sert de véhicule
au parfum ; ils ont pour résultat d'entretenir la fermeté des
tissus, de les tonifier, de corriger leur vascularité passive,
leur disposition variqueuse; ils nettoient parfaitement la peau
et agissent comme astringents sur les muqueuses.

Parfois on joint ensemble les alcools et les vinaigres, et
on compose ainsi des eaux de toilette dans lesquelles se combinent les propriétés qui appartiennent en propre à chacune
des deux bases.

Les **eaux de toilette,** alcoolés ou vinaigres, s'emploient
rarement pures; on les étend d'eau ou plutôt on se contente
d'en mêler une petite quantité à l'eau qui sert aux ablutions;
elles lui communiquent alors leurs propriétés hygiéniques et
agréables. Plus les cosmétiques sont riches en essences ou en
baumes ou résines, plus ils doivent être concentrés; dans ce
cas l'eau les trouble et le mélange prend un aspect opalin. Il
n'est pas indifférent d'employer sans choix les alcools ou les
vinaigres. En général , les premiers sont plus salutaires et
conviennent mieux aux peaux brunes et un peu ardentes;
les vinaigres sont préférables pour les blondes et les tempéraments un peu lymphatiques; il faut les proscrire de l'hygiène de la bouche.

Quant aux parfums, aux substances qui entrent dans leur
composition, nous ne pouvons ici entrer dans ces détails; le
goût du parfumeur guide seul les combinaisons des différents
aromes; je choisis pour les miens une eau ou esprit qui possède des propriétés hygiéniques bien déterminées, puis j'adjoins
les différentes essences qui se marient le mieux avec cette
base. Quelques-uns de ces cosmétiques, L'EAU DE COLOGNE,
L'EAU DE LAVANDE AMBRÉE, LE VINAIGRE AROMATIQUE, sont pour
ainsi dire des compositions classiques en parfumerie; on peut
perfectionner, comme j'ai tenté de le faire, leur préparation,
mais sans la modifier d'une manière essentielle.

D'autres sont, au contraire, des créations complétement
nouvelles, comme L'EAU DE TOILETTE RAFIN et L'ALBACETI,
dans la préparation desquels j'ai combiné les éléments les
plus efficaces et les parfums les plus délicats; aussi sont-ils
regardés à la fois comme d'excellents cosmétiques et les
odeurs les plus distinguées pour le mouchoir.

FARDS

Les FARDS se sont attiré depuis l'invention de la cosmétique
bien des reproches; on les a attaqués au nom de l'hygiène,

au nom de la morale, au nom du bon goût, et ils se sont toujours perpétués malgré toutes les censures ; jamais les femmes du meilleur monde, les plus délicates et les plus sincèrement vertueuses, n'ont cessé d'en faire usage. C'est que leur emploi répond à un besoin réel , que sans eux le visage trahirait trop souvent par ses altérations, des sentiments et des souffrances que la dignité et la pudeur de la femme veulent tenir cachés, et que si la plupart du temps ils ne font que fournir des armes à l'arsenal d'une coquetterie exagérée, leur léger artifice a souvent une cause honorable que les plus vertueuses et les plus délicates peuvent avouer : « Un peu de rouge, a dit Winkelmann, est à la beauté mé- « lancolique ce que le sourire est aux lèvres d'une mère « souffrante, qui veut voiler sa peine à ses enfants ou la « dérober aux yeux de la stupide indifférence. »

Les grandes réunions ont lieu dans des salons où les glaces, les cristaux, les dorures accrochent et reflètent le rayonnement de mille lumières; le scintillement des diamants, les reflets de la soie, la vive fraîcheur des fleurs, éteindraient le teint et la blancheur de la peau si les fards ne permettaient de donner à la beauté un éclat mieux fait pour lutter avec toutes ces splendeurs artificielles. Que serait la beauté splendide de telle actrice célèbre, si elle était obligée de paraître avec ses couleurs naturelles devant le soleil de la rampe?

La beauté la plus régulière n'est pas appréciée si elle n'est complétée par la pureté, l'éclat, la fraîcheur du teint et de la peau. Quelles que soient les raisons plus ou moins bonnes qu'on donne pour ou contre l'usage des fards, les femmes recourront toujours au teint artificiel; le seul devoir du parfumeur, c'est de rendre ces compositions les plus parfaites possible et d'en éloigner toute espèce de substance nuisible.

En faisant connaître la composition vraie de mes fards, j'éloignerai toute crainte de leur emploi; je me suis préoccupé, en les composant, d'en éliminer tout élément nuisible et de leur donner toutes les qualités plastiques désirables dans des cosmétiques qui doivent tromper, autant que possible, les investigations trop indiscrètes, et de rendre leur emploi commode.

Mes FARDS sont liquides, mous, solides ou en poudre, mais l'oxyde de zinc sublimé est le seul élément minéral qui y entre comme matière plastique. Les composés de plomb ou de bismuth qu'on a si souvent condamnés, en sont complétement exclus.

J'ai expliqué la composition de ma CRÈME DE LIS, qui constitue un fard blanc délicieux; je n'ai ici qu'à rappeler son nom.

Tous les fards sont d'un emploi généralement incommode, il faut avoir recours au pinceau ou à la patte de lièvre. J'ai voulu que mes fards pussent être étalés sur la peau sans peine et sans besoin d'un appareil intermédiaire, et j'ai fait de ma BOULE DE NEIGE le type de ces compositions, véritables hochets cosmétiques que la main adroite et délicate de la femme peut manier aussi commodément que le pinceau à l'aide duquel l'artiste travaille la couleur posée sur sa toile, compose leurs nuances et harmonise leur ton.

La BOULE DE NEIGE RAFIN, *hochet hygiénique* pour blanchir la peau, se compose de beurre de cacao, de paraffine, de cire vierge et d'huile d'amandes douces et d'oxyde de zinc sublimé combinés ensemble par un procédé particulier, fondus et solidifiés en boule, à l'extrémité d'un manche en bois tourné ou en ivoire. Un piédestal aussi en bois, fixé dans une boîte-étui, reçoit l'extrémité opposée de ce manche. Lorsqu'on veut se servir de la boule de neige, on l'enlève de son piédestal et on la promène sur la peau qui s'en enduit légèrement, puis on essuie avec un linge fin. Le cosmétique agit comme crème et comme fard, la peau devient blanche, diaphane, prend un éclat velouté, conserve toute sa morbidesse et son élasticité. Son emploi facile et agréable non-seulement masque instantanément les taches de rousseur et les rougeurs, mais il les fait disparaître lorsqu'il est un peu prolongé.

La CRÈME ROUGE pour les lèvres et la peau a la même composition basique que la boule de neige; le carmin le plus pur y remplace l'oxyde de zinc, et lui donne l'incarnat voulu; il

est fondu en bâtons cylindriques en partie enveloppés dans
une gaine formée par une feuille d'étain revêtu de soie qui permet de les manier comme un crayon. Les rouges ont plusieurs nuances qui se combinent et se fondent de la manière
la plus naturelle avec le blanc de neige. Des crayons faits avec
la même pâte cosmétique, et nuancés au bleu d'azur, servent
à faire ressortir les réseaux veineux que la couche de fard
pourrait avoir trop complétement masqués.

Les sourcils, qui dessinent l'arc hardi de l'arcade orbicu-
laire, tranchent avec l'éclatante blancheur du front, et les
longs cils, qui avec les paupières protégent l'œil, ajoutent
grandement à la beauté du regard et avivent son éclat. Des
sourcils qui manquent, ou des cils mal garnis, suffisent pour
enlaidir : la cosmétique artificielle pare ou masque ces défauts
par des moyens bien simples. Un crayon composé de paraffine de blanc de baleine, de beurre de cacao et de noir léger,
est emmanché dans un double étui; il sert à tracer les sourcils, à noircir les cils et agrandir les paupières, sans que les
matières douces et salubres qui le composent puissent exercer la moindre action sur le globe de l'œil.

IV

COSMÉTIQUES DE LA CHEVELURE ET DE LA BARBE

—

POMMADES — HUILES PARFUMÉES — BRILLANTINES — EAUX LUSTRALES.

Les cheveux ne sont pas seulement un vêtement protecteur dont la nature a recouvert certaines parties de notre corps, ils sont encore un des éléments de la beauté générale, un des plus gracieux ornements de la femme, celui qui se prête le mieux aux plus gracieuses combinaisons de la mode et de la parure. Une belle chevelure est presque toujours l'indice d'une bonne santé; elle remplit plusieurs rôles physiologiques importants ; elle sert d'enveloppe au crâne, protége les organes qu'il renferme contre les effets d'un refroidissement subit, contre l'action de l'air, des rayons solaires et des influences atmosphériques. Aussi ne doit-on pas être surpris que la science ait cherché tous les moyens de conserver les cheveux, de les embellir, de les reproduire ; une cosmétique entière a été créée pour eux, et l'histoire de la coiffure comprendrait des volumes.

Les cheveux tiennent à la fois de la nature végétale et de la nature animale ; ils naissent dans un bulbe ou follicule placé dans le derme, au fond duquel une papille sécrète un liquide qui, en se concrétant, donne naissance à un petit cornet exactement moulé sur elle ; bientôt un second cornet naît en dedans du premier qu'il pousse au dehors du bulbe, et il se produit ainsi une série de cornets, emboîtés l'un dans l'autre à la manière des oublies dont l'ensemble forme une sorte de tube qui constitue le cheveu. Leur intérieur est rempli d'une sorte de moelle diversement colorée selon les individus, noire chez les uns, plus ou moins blonde et même rouge chez les autres. Les cheveux blancs doivent leur couleur à l'absence de cette moelle ; parfois les sécrétions de la papille s'altèrent, et différentes maladies affectent la chevelure ; parfois le bulbe entier se paralyse, et les cheveux tombent alors comme des plantes desséchées que le moindre vent arrache et balaie du sol. Si un accident arrache les cheveux lorsque le bulbe nourricier possède toute son énergie, un second naît aussitôt et le remplace ; si on le coupe ou le taille, la papille semble redoubler d'activité sécrétante, le cheveu pousse plus rapidement et plus vigoureux.

C'est d'après ces données physiologiques que doivent se baser la culture rationnelle de la chevelure et la composition des cosmétiques qui servent à sa conservation et à son embellissement.

On s'est souvent posé cette question importante : Peut-on arrêter la chute des cheveux et leur décoloration ? Peut-on rendre à une tête dénudée ou blanchie avant l'âge sa parure naturelle ? Des faits nombreux s ont là, recueillis par la science, et il n'est plus aujourd'hui de doute possible : on peut rendre à la chevelure son abondance, sa vigueur et son éclat, toutes les fois que la maladie ou l'effet de certaines substances n'ont pas complétement détruit ou paralysé les bulbes, et que la sécrétion de la matière colorante n'est pas le résultat naturel de la vieillesse.

Nous sommes loin cependant de conseiller une foi entière en certaines compositions fort vantées par ceux qui les offrent ; avant d'en faire usage, il est bon de les soumettre à son médecin et de n'agir qu'éclairé par ses conseils. Il faut en cosmétique, nous ne saurions trop le répéter, se méfier des secrets, et n'employer qu'avec la plus grande réserve des composés actifs dont on ne voudrait pas livrer la formule au contrôle de la science comme nous le faisons pour les nôtres.

Dans l'état normal, plus une chevelure est belle et abondante, plus doivent être constants et éclairés les soins qu'on lui donne ; d'eux dépendent sa conservation et son développement. La première condition hygiénique est de l'entretenir dans un état constant de propreté ; le plus grand nombre des maladies des cheveux sont dues à la négligence et à la malpropreté des individus. On doit y passer le démêloir le plus souvent possible, le peigne fin tous les jours, afin de détacher le produit de la sécrétion déposé sur le cuir chevelu, brosser souvent pour entraîner les pellicules et les poussières, et provoquer ainsi une espèce d'excitation faible du bulbe et ventiler la tête.

Le cheveu ressemble au végétal par les sucs qu'il s'assimile et par le rôle que joue l'air dans sa vitalité ; de même qu'une plante dépérit et s'étiole quand elle est habituellement soustraite au contact de l'atmosphère, de même le cheveu s'étiole et dépérit quand il ne ressent pas sa vivifiante influence, et que des sucs nourriciers ne viennent pas entretenir sa croissance. Les onctions, avec des huiles et des pommades parfumées, ne sont pas seulement indispensables pour les maintenir dans un état de souplesse et de fraîcheur parfaites, elles suppléent à la sécrétion naturelle destinée à les lubrifier, qui se fait souvent mal et est presque nulle chez les personnes dont les cheveux sont secs et cassants.

D'autres fois, cette sécrétion est au contraire très-abondante et de mauvaise nature ; les cheveux gras et forts peuvent exhaler une odeur désagréable ; il convient de les débarrasser par des lavages toniques et alcooliques d'une partie des sécrétions qui les humectent, avant d'y passer une petite quantité de pommade, qui les assouplit, leur donne de l'éclat et les imprègne d'une senteur suave.

Indépendamment de ces soins journaliers, la tête doit être

lavée de temps en temps avec des eaux spiritueuses, dans lesquelles il entre des principes toniques, le quinquina. Si l'on est sujet à des formations trop abondantes de pellicules furfuracées, on doit employer une pommade spéciale qui guérisse de cette affection, légère en apparence, cependant des plus funestes.

La manière de disposer les cheveux, les tiraillements qu'on leur fait subir, pour les disposer à se maintenir de telle ou telle façon, le fer chaud, le crépage, l'emploi de brosses trop dures, de peignes trop fins, les coiffures chaudes et lourdes ou closes de manière à former étui, sont les causes les plus ordinaires, après le manque de soins, de la chute des cheveux et de la calvitie. Mais le danger le plus grand qu'on puisse faire subir à la chevelure, c'est, d'après l'avis unanime de tous les médecins, les cosmétiques mal préparés et contenant des substances dangereuses.

Il est impossible d'obtenir la teinte instantanée des cheveux, sans produire une réaction chimique qui donne un composé métallique. Mieux vaut avoir la patience de donner aux teintures le temps d'agir comme font les Orientaux, dont la barbe, d'un noir éclatant, est teinte artificiellement avec la poudre dite *persane*, et n'employer que des matières végétales d'une innocuité parfaite. Nous préparons des teintures tout aussi promptes et aussi franches que les plus vantées, mais nous prévenons loyalement l'acheteur de la présence du nitrate d'argent, et nous lui conseillons nos préparations végétales qui, si elles agissent moins promptement, sont complétement inoffensives.

POMMADES — HUILES PARFUMÉES

Le choix des matières qui entrent dans la composition des pommades pour servir de véhicule aux parfums et à d'autres principes actifs est tres-important. Les huiles et les pommades communes rancissent vite et deviennent très-irritantes; elles peuvent être encore plus nuisibles si elles sont composées de graisses altérées ou impures. Il entre dans toutes mes pommades de la moelle de bœuf, de la panne, des huiles fines d'olive et de ricin, du beurre de cacao, de la paraffine et de l'huile de lin, mêlés ensemble en proportions convenables au genre de pommade qu'on veut préparer.

Les moelles et les pannes sont achetées fraîches au fur et à mesure des besoins de la fabrication. Elles sont débarrassées avec soin de toutes les fibres charnues qu'elles peuvent contenir, puis elles sont divisées par des hachoirs mécaniques et écrasées au pilon. Elles sont alors dégorgées dans l'eau fraîche et subissent des lavages jusqu'à ce que l'eau en coule limpide comme quand on l'y met. Cette opération terminée, les graisses sont fondues avec une quantité d'alun et de sel voulu, et écumées avec soin, puis passées à la chausse et au tamis fin. On les tire au clair après un repos de quelques heures, et elles subissent à froid un dernier lavage à l'alcool.

La graisse est alors très-pure, parfaitement inodore et incolore, mais elle serait encore exposée à rancir. Il faut y incorporer des résines et des baumes qui la rendent complétement inaltérable. Pour cela, on la fond avec une quantité proportionnée de benjoin, de baume de tolu et d'eau de roses, et lorsqu'elle ne donne plus d'écume, on la tire au clair, elle est prête à entrer dans la composition des pommades.

Ces opérations sont, sans doute, pénibles, minutieuses, prennent beaucoup de temps, et leur détail peut paraître déplacé dans cet opuscule. Elles sont cependant si importantes et établissent une différence si notable entre les pommades communes et nos pommades normales, que j'ai cru devoir les décrire. Le corps gras ainsi obtenu, il reste à y joindre les huiles, la paraffine et le cacao, ces dernières aussi fondues sur benjoin.

Quant à la PARAFFINE, c'est une substance semblable à la cire. Chimiquement extraite des goudrons et des résines, dont elle partage les vertus hygiéniques, elle est d'une blancheur nacrée, transparente, et possède la précieuse propriété d'empêcher de rancir les corps gras auxquels on la mêle.

La manipulation des pommades varie suivant leur nature. Les parfums y sont incorporés ou par infusion ou par infloraison. Ils sont toujours doux et légers, mais plus ou moins précieux, plus ou moins intenses, selon la fantaisie de celui qui les choisit. La POMMADE ESS. BOUQUET au beurre de cacao est un type de finesse et de distinction comme parfums. Parmi mes pommades qui possèdent des éléments d'une efficacité spéciale, nous ne parlerons avec quelques détails que de deux, l'*Olio-denso* et la pommade *Dupuytren*. Quant aux pommades *quinine* et *rhum*, leurs propriétés toniques sont trop connues pour que nous ayons à les mentionner.

La POMMADE DUPUYTREN a été inventée par l'illustre chirurgien dont elle porte le nom. Depuis, sa réputation n'a fait que grandir : c'est un des remèdes les plus efficaces qu'on puisse employer contre la calvitie et pour arrêter la chute des cheveux. On en enduit tous les soirs le cuir chevelu, avec gros comme une noisette, et on lave le matin la tête avec l'eau tonique quinine et rhum. Je prépare la pommade Dupuytren fidèlement, d'après la formule du maître. Seulement, comme je me sers de mes graisses épurées et des parfums les plus fins, que je mets un soin extrême à sa manipulation, elle est d'une finesse plus grande que celles qu'on prépare suivant le *modus faciendi* ordinaire du Codex; je fais un parfum et non une préparation pharmaceutique.

L'OLIO-DENSO est de ma composition propre ; il a reçu les éloges les mieux motivés de la part de tous les hommes de science qui ont surveillé son emploi; il contient en proportions convenables, comme éléments actifs, du calomel, du soufre et du tanin. Son usage fait disparaître les affections furfuracées, rugueuses, éruptives, qui peuvent affecter le cuir chevelu; il ranime la vitalité des bulbes, rend la vigueur à la chevelure, arrête sa chute et empêche sa décoloration en entretenant l'activité des sécrétions. Très-fondante comme son nom l'indique, parfumée avec l'odeur naturelle des fleurs, c'est la pommade la plus fine et la plus délicate.

BRILLANTINES.

Les BRILLANTINES laissent souvent une couche poussiéreuse sur les cheveux; en composant les miennes de paraffine et d'huile parfumées par infloraison et combinées par un procédé spécial, j'ai évité ces inconvénients en donnant aux cheveux le lustre naturel le plus éclatant.

EAUX LUSTRALES.

Mes EAUX ATHÉNIENNES et mon EAU SPIRITUEUSE QUININE ET RHUM complètent l'ensemble de ces cosmétiques spécialement consacrés à l'embellissement de la chevelure. La bandoline, les fixateurs, la POMMADE HONGROISE sont indispensables sans doute à la toilette des cheveux et de la barbe, mais ils ont une action moins directe au point de vue de l'hygiène; je me suis simplement efforcé de rendre leur emploi plus commode. Mes FIXATEURS sont enfermés dans un double étui qui, les protégeant contre les souillures, permet de s'en servir sans graisser les doigts; il en est de même de mes cosmétiques colorants en bâton. Quant aux EAUX DE QUININE ET RHUM, un bouchon est traversé par un étroit canal fermé par un second petit bouchon en ivoire, qu'on retire seul, ce qui permet de faire tomber commodément et goutte à goutte le liquide tonique sur la chevelure.

Les SAVONS POUR LA BARBE doivent être mousseux, très-doux, parfaitement neutralisés, et exercer une action ramollissante sur le poil en même temps qu'ils tonifient la peau. Mes crèmes savonneuses et mes poudres réunissent ces deux qualités. La boîte à couvercle tournant dont j'ai eu occasion de parler, et que j'ai donnée pour enveloppe à ces dernières, rend leur emploi très-commode et facile.

V

DENTIFRICES

—

On donne le nom de *dentifrices* aux cosmétiques de la bouche et des dents; ils constituent une classe importante de notre art dans laquelle on néglige trop souvent les prescriptions de l'hygiène.

Les soins hygiéniques de la bouche consistent dans des lavages répétés à l'eau légèrement aromatisée, mais ces lavages seraient insuffisants pour débarrasser les dents des débris d'aliments que la mastication peut loger entre elles, et de l'enduit tartrique dont les émanations buccales les recouvrent; il faut employer le cure-dent, la brosse et les poudres.

Le choix des brosses est important : les personnes lymphatiques, qui ont les gencives pâles et décolorées, doivent se servir de brosses un peu dures, celles au contraire qui ont les gencives rouges, engorgées, saignant facilement, doivent choisir des brosses très-douces. Le cure-dent est souvent dangereux, il faut remplacer son emploi par celui d'ablutions répétées avec de l'eau légèrement aromatisée à la menthe.

Les DENTIFRICES sont secs, pulvérisés, mous et liquides; je les prépare sous les trois formes, avec assez de soin pour qu'ils aient attiré l'attention bienveillante des médecins et soient devenus une des spécialités de ma maison le plus en réputation.

La plupart des eaux dentifrices renferment des substances âcres, irritantes, qui excitent considérablement la sécrétion salivaire; d'autres sont acides, certaines très-alcalines. Ces préparations ainsi accentuées ne conviennent que dans des cas exceptionnels, leur usage habituel peut être quelquefois nuisible, il est prudent de ne s'en servir qu'avec les conseils de son médecin.

Les poudres trop alcalines ne conviennent de même que dans les cas d'extrème acidité de la bouche; les poudres dans lesquelles l'alun et les crèmes de tartre se mèlent à des substances inertes, doivent être évitées avec soin : elles blanchissent parfaitement les dents, mais elles attaquent l'émail et peuvent, en séjournant au collet de la dent et sur la gencive, occasionner des ulcérations dangereuses. La poudre de cigare n'est pas moins funeste.

On reproche avec raison au miel et au sucre qui entrent dans les opiats ou dentifrices mous d'agacer les dents.

ALMAROSÉE.

Sous le nom d'ALMAROSÉE, je compose un élixir et une poudre dentifrices parfaitement neutres; le quinquina, le girofle, l'anis, la menthe, quelques autres extraits particulièrement favorables aux gencives et à la muqueuse buccale, le charbon, une petite quantité d'albâtre porphyrisé avec un soin extrême, composent mon élixir et mes poudres.

J'ai remplacé dans l'OPIAT-RAFIN le sucre et le miel par le beurre de cacao, et j'obtiens ainsi un dentifrice mou, très-salutaire aux gencives, n'ayant aucun des inconvénients des opiats ordinaires, et exempt de toute espèce de saveur.

La CRÈME DE ROSE pour les lèvres, le cachou et les pastilles désinfectantes pour les fumeurs et les personnes qui ont l'haleine viciée, l'EAU DE MENTHE pour les ablutions après le repas, complètent l'ensemble de mes préparations buccales.

VI

L'ODORAT ET LES ODEURS

« Je regarde le nez, dit Lavater, comme la retombée du
« cerveau. Ceux qui connaissent un peu la théorie de l'archi-
« tecture gothique, saisiront aisément ma comparaison. C'est
« sur le nez que repose la voûte du front, dont le poids écra-
« serait impitoyablement sans cela et les joues et la bouche. »
« Un beau nez ne s'associe jamais avec un visage difforme.
« On peut être laid et avoir de beaux yeux, mais un nez ré-
« gulier exige une heureuse analogie des autres traits. Aussi
« voit-on mille beaux yeux contre un seul nez parfait en
« beauté; et là où il se trouve, il suppose toujours un carac-
« tère excellent et distingué. »
Bien avant le célèbre créateur de la physiognomonie moderne, on avait cru trouver des rapports constants entre le carac-

tère des individus et la conformation du nez, et on peut trouver des traces de cette science bien conjecturale dans maint dicton populaire. Le nez contribue par quelques-uns de ses mouvements à faire connaître les émotions de l'âme, dont l'expression appartient à la physionomie, et il est le siége du sens qui agit peut-être le plus vivement sur l'imagination, comme l'affirment Jean-Jacques Rousseau et beaucoup de physiologistes du sens de l'odorat.

Ce sens réside dans la membrane pituitaire qui tapisse l'intérieur des narines, le nerf olfactif y vient recueillir l'impression des effluves aromales, et les porte instantanément au cerveau, où naît la sensation et le sentiment de l'odeur, d'où la sensation se propage chez les personnes délicates, avec la même rapidité, dans le système nerveux tout entier.

La cosmétique du nez se borne à des soins de propreté et aux lotions que nous avons indiquées pour le teint. Il est sujet à des rougeurs, à des affections qui ternissent et détruisent sa beauté ; mais ces altérations tiennent presque toujours à des causes dont un habile médecin doit seul suivre le traitement. Lorsque les rougeurs ou les efflorescences ne proviennent pas d'un vice intérieur, ou qu'elles sont peu importantes, des lotions de GLYCÉRINE LACTESCENTE, des onctions avec le BEURRE DE CACAO PURIFIÉ et la CRÈME DE GUIMAUVE, régulièrement suivies et alternant entre elles, adoucissent les rougeurs, tempèrent leur âcreté et finissent souvent par en triompher complétement. Les narines poilues sont du plus désagréable effet ; il faut se garder d'employer des dépilatoires, les parois des narines sont trop délicates pour pouvoir les supporter ; il est facile de se débarrasser des poils à mesure qu'ils croissent en les arrachant un à un avec une petite pince de toilette.

Le tabac exerce une influence également funeste sur la beauté du nez et le sens dont il est l'organe. Heureusement que l'habitude de priser, si chère à nos grand'mères, est morte avec elles ; le tabac d'Espagne n'a plus cours de nos jours ; une jeune femme qui chiffonne dans ses doigts un mouchoir de dentelle, se garde bien de se laisser tenter à la vue d'une tabatière; elle fait à la mode le sacrifice d'un défaut que la raison demande inutilement aux hommes.

Le sens de l'odorat est celui dont on s'est le moins occupé, mais la science apprend à l'homme à développer de plus en plus les diverses facultés qu'il possède, et le sens de l'odorat recevant sa part d'éducation, comme ceux de la vue, de l'ouïe, du tact et du goût, aura dans la vie intelligente la même importance que dans la vie instinctive. Il acquiert par l'éducation une finesse extrême, et sa mémoire est prodigieuse : un son nous frappe et s'oublie, un effet de lumière, une harmonie de couleurs, nous charment sans laisser d'impression bien durable; l'odeur qui a réveillé une sensation dans notre âme, ne s'oublie jamais ; en apportant les senteurs recueillies au loin dans la campagne, le souffle du soir fait envahir notre cerveau par le flot des souvenirs. « Un parfum est venu jusqu'à moi, pourrait dire le vieillard, il m'a rappelé la bien-aimée de ma jeunesse. » Un parfumeur a parfois deux cents odeurs différentes dans son laboratoire, et il les distingue et les reconnaît sans hésitation aucune.

La satiété détruit l'odorat aussi bien que le goût; respirez constamment un bouquet de violettes, au bout de quelque temps il sera impuissant à vous donner une sensation agréable, tandis que le bouton de rose emprunté au bouquet voisin ranimera votre odorat endormi par la monotonie de l'impression qu'il éprouvait. Des parfums trop intenses peuvent amener la paralysie des nerfs olfactifs et détruire pour toujours le plus sensuel des organes. La menthe respirée souvent a la propriété de rendre l'odorat plus sensible, de le fortifier en le ranimant, de combattre son atonie et de le réveiller chez les personnes chez qui ce sens est éteint ou corrompu.

L'action des odeurs tantôt forte et durable, tantôt faible et passagère, se manifeste par des résultats aussi variables que les tempéraments et les idiosyncrasies dans l'espèce humaine; les circonstances dans lesquelles on les respire influent encore sur cette action et ses effets. Aussi ne doit-on pas établir des lois absolues pour les expliquer, les faits les plus bizarres, les plus extraordinaires, viendraient à chaque instant les détruire. Les auteurs sont pleins de récits de ces faits singuliers, qui ne prouvent que la puissance des odeurs sur l'organisme, sans pouvoir servir de base à une théorie raisonnable. Elles agissent sur tous les organes, sur l'ouïe et la vue, sur le goût et le toucher; mais leur influence sur les organes de la génération paraît surtout grande et directe, on en constate encore mieux les effets sur les animaux que sur l'homme. C'est au moment où la fleur va lancer le pollen que ses aromes sont les plus vifs et les plus suaves; ils s'éteignent aussitôt que la fécondation a eu lieu.

Les physiologistes ont cherché à classer les odeurs d'après leurs effets sur l'économie animale; ils reconnaissent des odeurs toniques et des débilitantes ou écœurantes, des odeurs qui donnent l'ivresse ou enivrantes; les caustiques; les névropathiques, qui provoquent des agacements des nerfs, et des névroplies qui en calment l'agitation; les hystériques et anti-hystériques; les hypnotiques ou somnifères; les vomitives; les hilarantes, qui excitent la joie; les aphrodisiaques, ambrosiaques, etc., etc.

Les odeurs modérément respirées n'exercent aucune action fâcheuse, en dehors des cas particuliers; certaines odeurs respirées en grande quantité peuvent produire des maux de tête et des vertiges; on regarde comme dangereuses les émanations du mancenillier, celles du noyer, du chanvre, du sureau en fleurs.

Il faut établir toutefois une grande distinction entre les émanations des plantes ou des fleurs odorantes. Les essences qu'on peut en extraire et les odeurs des huiles essentielles ne peuvent produire d'autres effets que ceux qui sont inhérents à leur nature; c'est tout au plus si quelques-unes d'entre elles, lorsqu'elles sont amoncelées en grande quantité et en couches minces dans un lieu confiné, pourront vicier l'air en se rancissant par oxydation et produisant de l'acide carbonique; mais ce sont là des cas excep-

tionnels qui ne seront jamais dangereux. Il en est autrement
des fleurs odorantes accumulées dans un appartement. Toute
plante, en plus de son odeur, est un foyer d'exhalaisons plus
ou moins redoutables. Elles vicient l'air d'acide carbonique, et
dans certaines circonstance d'oxyde de carbone, un des poisons
les plus redoutables. Une fleur oubliée dans une chambre à
coucher peut donc causer des maux de tête, des vertiges, des
nausées, on peut être asphyxié par un bouquet; jamais
pot de pommade ou flacon d'odeurs n'a causé de semblables
méfaits, on sort plus frais et mieux dispos du bain fortement
imprégné d'essences. C'était à l'aide des bains aromatiques
que Médée rajeunissait Jason.

Quant aux empoisonnements par les parfums, il faut les relé-
guer avec Voltaire dans les faits les plus douteux de l'histoire,
et dire avec les physiologistes et les toxicologues modernes
que si ces empoisonnements ont eu lieu, ce n'est pas par le
parfum, mais par les substances toxiques qu'ils masquaient,
comme les mets et les liqueurs masquent le poison que mêle
une main coupable.

Les parfums sont d'une innocuité parfaite par eux-mêmes,
l'abus seul peut en être nuisible; mais lorsque le goût, comme
de nos jours, règle leur usage, on peut, sans crainte de ma-
laise physique ou de langueur morale, rechercher les sensations agréables qu'ils produisent.

On a établi des gammes pour les odeurs comme pour les
sons et pour les couleurs; pour chaque odeur la vitesse des
vibrations serait différente et donnerait la note. Pour faire
un bouquet d'après cette ingénieuse théorie, toutes les odeurs
primitives doivent être ramenées à un certain degré de puissance qui soit leur tonique, et il faut savoir unir celles qui
s'accordent ensemble; le parfum né de cet accord sera alors
harmonieux. L'échelle des tons enseigne l'harmonie et les con-
trastes, apprend à marier ensemble les notes et à éviter les
effets discordants.

Dans la pratique, nous l'avouons cependant humblement, si le
parfumeur fait de l'harmonie, c'est, la plupart du temps, comme

M. Jourdain de la-prose, sans le savoir; il lui serait difficile de dire si le bouquet pour mouchoir qu'il compose est un accord de sol ou de fa; il ne suit d'autre règle que son goût exercé et sa fantaisie; il cherche à produire une sensation agréable sur les charmantes dilettantes auxquelles il le destine, et se préoccupe fort peu des savantes élucubrations de la critique.

Les odeurs proprement dites sont fabriquées, en parfumerie, sous forme d'extraits pour mouchoirs, de poudres pour sachets, de rubans ou de pastilles de fumigations, cassolettes et brûle-parfums, de sels pour flacons.

Les extraits reproduisent tantôt l'odeur naturelle d'une fleur, la violette, le jasmin; tantôt des bouquets, les parfums de plusieurs fleurs; les uns sont soutenus par des bases intenses, d'autres au contraire légers et fugaces comme ceux qu'apporte des prairies lointaines la brise du soir; le goût, les sympathies particulières, peuvent seuls déterminer dans leur choix.

Les parfums ne sont pas seulement agréables par l'impression qu'ils produisent sur nos sens; ils remplissent un rôle hygiénique en neutralisant ou masquant les odeurs désagréables qui chargent l'atmosphère, ou qui peuvent nous atteindre. Sans doute le flacon de sels, si indispensable dans les grandes réunions, ne détruira pas comme le chlore et le nitre les émanations qui s'exhalent dans un espace circonscrit, mais il permettra de les supporter sans incommodité, et c'est déjà un service éminent rendu à la santé. Dans la confection des RUBANS DE BRUGES, des *pastilles odorantes* qu'on brûle dans les appartements, dans les poudres qu'on brûle dans les cassolettes, il entre d'ailleurs du nitre, des composés phéniques, des résines, et alors la désinfection est bien réelle, les odeurs sont plus que masquées, les miasmes sont détruits. Le flacon de sels, en portant au cerveau un parfum ordinairement acide, procure aux nerfs une stimulation salutaire, en même temps que par son action vive sur la membrane olfactive il annihile l'effet des odeurs écœurantes qui ont pu l'atteindre.

Les parfums sont les meilleurs des antiseptiques, ils éloignent l'insecte et le ver ; les maîtresses de maison soigneuses ont donc doublement raison de mettre dans leurs garde-robes des plantes ou des sachets odorants. Le rustique bouquet de lavande et de sauge embaumait la demeure des Romains et en éloignait, disait-on, les maléfices. Le vétyver le remplace aujourd'hui dans les villes. Les sachets à mille odeurs sont d'un goût plus élevé, et offrent un parfum plus durable et plus suave; ils communiquent aux vêtements et au linge cette odeur ambrosiaque qui trahissait la présence des déesses, et faisait dire au psalmiste : « Tous tes vêtements sentent la myrrhe, l'aloès, le nard et la cassie dont l'odeur s'échappe du palais d'hiver, par quoi ils t'ont rendu joyeux. » (*Psaume* XLV, 8.)

TABLE

CHAPITRE Ier.

CHAPITRE II.

CHAPITRE III.

CHAPITRE IV.

CHAPITRE V.

CHAPITRE VI.

PARFUMERIE

DE

HENRI RAFIN

CATALOGUE

des

PRINCIPAUX PRODUITS

LA BOITE DE PANDORE

MAGNIFIQUE ÉCRIN DE TOILETTE

*Contenant tous les produits brevetés de la Parfumerie
Rafin. Prix :* **150** *fr.*

COSMÉTIQUES

POUR LA PEAU ET POUR LE TEINT

SAVONS.

SAVON de laitue, fin et à différents parfums, en boîte. 1 »
—   triple parfum . . . . — . 2 »
—   bouquet, laitue, benjoin, etc. . . . . » 75
—   fin, benjoin, patchouli, etc., le pain, pesant
      100 grammes. . . . . » 50

Savon de lichen, mille-fleurs, etc., la boîte de trois
    pains, 1 fr.. . . . . le pain   » 40
—   guimauve, la boîte de 6 pains, 1 f. 50; le pain » 30
Crème de savon, ou savon onctueux, la boîte. . . . . 1 »
Poudre de savon, richement parfumé, nouvelle inven-
    tion (b. s. g. d. g.), la boîte. 1 50

CRÈMES ET LAITS.

Old-cream rafin, au beurre de cacao purifié, l'étui. . 3 »
Crème de lis ou crème de beauté pour blanchir et ve-
    louter la peau, le pot. 1 50
Crème de guimauve, ou pâte d'amande au miel perfec-
    tionnée, le pot. . . . . 1 »
Cold-cream anglais, le pot . . . . 1 »
Glycérine lactescente à la violette de Parme. 1 50

EAUX SPIRITUEUSES ET VINAIGRE
DE TOILETTE.

Eau de toilette rafin, pour la toilette et le mou-
    choir, le flacon. 1 25
Id. le litre et demi-litre, le litre . . . . 8 »
Eau de cologne triple, le flacon. . . . . 1 »
—   en bouteilles d'un litre ou demi-litre,
    le litre. . . . . 5 »
Eau de cologne des princes fortement ambrée, le fl. . 1 50
—   —   en bouteilles d'un litre ou
    demi-litre, le litre. . . 6 »
Eau de lavande ambrée, le flacon. . . . . 1 »
—   —   flacons noirs. 1 50
Albaceti, vinaigre cosmétique blanc, le flacon . . . . 1 »
—   en litre ou demi-litre, le litre . . . . 5 »
Eau de lis ou de beauté, pour blanchir la peau, le fl. 1 50

FARDS.

BOULE DE NEIGE RAFIN, composition hygiénique pour
    blanchir instantanément la peau, la boule. . . . .   3 »
CRÈME DE LIS pour blanchir la peau, le pot 1 50
HOCHET HYGIÉNIQUE, incarnat naturel pour les lèvres et
    le teint. 1 50
HOCHET HYGIÉNIQUE BLANC velouté pour la peau. 1 50
CRAYONS NOIRS ou étui pour les cils et les sourcils, l'étui   » 60
CRAYONS AZURÉS, pour le réseau veineux. . . . .   » 60
FARD NOIR, en rouleau, pour les cheveux et la barbe,
    l'étui. 1 50
BLANC RAFIN, en poudre, la boîte . . . .   » 75
BLANC DE PERLES, la boîte. . . . .   » 75
BLANC RACHEL, la boîte . . . .   » 75
ROUGE VÉGÉTAL, en poudre, la boîte. . . . .   1 »
EAU DE LIS pour blanchir le teint, le flacon. 1 50

POUDRES DE RIZ.

POUDRE DE RIZ, pure violette et Maréchale, le paquet .   » 50
    —   —   la boîte. . . . .   1 »
POUDRE DE RIZ, ROSÉE, à la violette, à l'ambre, etc. le p.   » 75
    —   —   la boîte.   1 50

COSMÉTIQUES

POUR LA CHEVELURE ET LA BARBE

POMMADES ET HUILES PARFUMÉES.

OLIO-DENSO, composition milanaise contre la chute des
    cheveux, le pot 2 50
POMMADE ESS. BOUQUET, au beurre de cacao, le pot. . .   2 »

POMMADE CRÈME DUCHESSE-RAFIN, le pot. . . . . 1 »
— grand modèle. . . . . 2 »
POMMADE DUPUYTREN, le pot 1 50
POMMADE QUININE ET RHUM, en flacons de 60 gr., le fl. » 70
POMMADE SURFINE, à la violette, au jasmin, etc., la
chope de 400 gr. 4 40

BRILLANTINES ET COSMÉTIQUES.

BRILLANTINE RAFIN, petit modèle, le flacon. . . . . . . » 75
— grand modèle. 1 50
COSMÉTIQUE FIXATEUR RAFIN pour fixer et lisser les cheveux et la barbe, le rouleau 1 50
POMMADE HONGROISE pour fixer les moustaches, le flac. » 75
FARD NOIR, en rouleau, pour noircir les cheveux et la
barbe. 1 50

EAUX PHILOCOMES.

EAU ATHÉNIENNE pour nettoyer la chevelure, le flacon. 1 »
EAU DE QUININE ET RHUM pour nettoyer et fortifier la
chevelure, le flacon. 1 50
Id. en litre ou demi-litre, le litre. . . . . 5 »

POUDRES POUR LA CHEVELURE.

POUDRE A LA MARÉCHALE, le paquet. . . . . » 50
— la boîte. . . . . 1 »
POUDRE BLOND VÉRONÈSE, la boîte . . . . 2 »
POUDRE D'OR, la boîte . . . . 3 »

DENTIFRICES.

ALMAROSÉE, EAU DENTIFRICE RAFIN concentrée, le flacon. 1 50
Id. en litre ou demi-litre, le litre. . . . . 8 »

ALMAROSÉE, POUDRE DENTIFRICE RAFIN, le flacon. . . . . 1 »
POUDRE DENTIFRICE au quinquina et au carbone, à la
menthe, la boîte . . . . » 50
OPIAT DENTIFRICE, nouvelle invention, parfumé à la
menthe, l'étui . . . . 2 »
ESPRIT DE MENTHE pour la bouche, le flacon. . . . . . . 1 »
— en litre et demi-litre, le litre . . . . 6 »

ODEURS.

EXTRAITS POUR MOUCHOIRS triples, odeurs naturelles et
bouquets variés, en flacons bouchés à l'émeri, le fl. 1 25
Id. flacon riche. . . . . 2 »
ESS. BOUQUET, spécialité de la maison 2 50
EXTRAIT DE VIOLETTE DE PARME, parfum naturel 2 50
SACHET RAFIN à l'ambre, etc., pour parfumer le linge
et les appartements. . . . . 3 »
Id. de luxe . . . . 5 »

Paris.— Typ. Walder, rue Bonaparte, 44.

PARIS. — TYP. WADDER, RUE BONAPARTE, 44.